Repenser l'action éducative dans le champ
de la protection de l'enfance

Travail du Social
Collection dirigée par Alain Vilbrod

La collection s'adresse aux différents professionnels de l'action sociale mais aussi aux chercheurs, aux enseignants et aux étudiants souhaitant disposer d'analyses pluralistes approfondies à l'heure où les interventions se démultiplient, où les pratiques se diversifient en écho aux recompositions du travail social.

Qu'ils émanent de chercheurs ou de travailleurs sociaux relevant le défi de l'écriture, les ouvrages retenus sont rigoureux sans être abscons et bien informés sur les pratiques sans être jargonnants.

Tous prennent clairement appui sur les sciences sociales et, dépassant les clivages entre les disciplines, se veulent être de précieux outils de réflexion pour une approche renouvelée de la question sociale et, corrélativement, pour des pratiques mieux adaptées aux enjeux contemporains.

Dernières parutions

Marc CHEVALIER, *Les disciplines artistiques au service de la formation des adultes. 33 années d'expériences pratiques (1962-1995)*, 2012.
Bernadette ANGLERAUD, Lyon et ses pauvres, 2011.
David Saint-Marc, *La formation des médecins,* 2011.
Dominique ALUNNI, *Témoignages de pionniers visionnaires de la formation tout au long de la vie*, 2011.
Jean-Frédéric DUMONT, *Les moniteurs éducateurs en formation, Le partage professionnel des émotions*, 2011.
Catherine DEROUTTE, *Aux côtés des personnes polyhandicapées. Guide pratique*, 2011
Christian MAUREL, *Education populaire et puissance d'agir*, 2010,
Alain VILBROD, *Le métier d'éducateur spécialisé à la croisée des chemins*, 2010.
Josette MAGNE, *Quelle place pour les filles en prévention spécialisée ? Etude auprès de deux équipes de prévention spécialisée en Seine-Saint-Denis*, 2010.
Michel CHAUVIERE, *Enfance inadaptée : l'héritage de Vichy*, 2009.
Alain ROQUEJOFFRE, *Une « communauté » asiatique en France. Le rôle des travailleurs sociaux dans l'acculturation*, 2008.
Jacques QUEUDET, *Educateur spécialisé : un métier entre ambition et repli*, 2008.

Martine Beauvais Azzaro
et Agathe Haudiquet

REPENSER L'ACTION ÉDUCATIVE DANS LE CHAMP DE LA PROTECTION DE L'ENFANCE

Des mêmes auteures

Beauvais M. 2003. *Savoirs-enseignés. Question(s) de légitimité(s)*. Paris : L'Harmattan. 264 p.

Beauvais M., Gérard C., Gillier J.-P. 2006. *Pour une éthique de l'intervention : afin de concevoir le projet, la direction et l'accompagnement en formation*. Paris : L'Harmattan. 272 p.

Haudiquet A. 2005. *La culture juridique des travailleurs sociaux*. Paris : L'Harmattan. 300 p.

© L'Harmattan, 2014
5-7, rue de l'Ecole-Polytechnique, 75005 Paris

http://www.harmattan.fr
diffusion.harmattan@wanadoo.fr
harmattan1@wanadoo.fr

ISBN : 978-2-343-01551-4
EAN : 9782343015514

Coordinatrices et auteures :

Martine Beauvais, Maître de conférences en Sciences de l'éducation, Habilitée à Diriger des Recherches, Lille 1

Agathe Haudiquet, Maître de conférences en Sciences de l'éducation, Lille 1

Ont également contribué à la réalisation de cet ouvrage des professionnels du LAPES – GESAD 62 :

Richard Boucher, Chef de service éducatif, Maison d'enfants *Le Regain*, Dohem (62380).

Marie-Noëlle Coroller, Directrice, Maison d'enfants *La Charmille*, Sainte-Catherine (62223), Centre maternel *La Marelle*, Achicourt (62217), Présidente du LAPES – Vice-Présidente du GESAD 62.

Christelle Drombry, Chef de service éducatif, Maison d'enfants, Bapaume (62450).

Marie-Odile Duhamel, Éducatrice spécialisée, Maison d'enfants, Bapaume (62450).

Jean-Marc Durand, Éducateur spécialisé, Maison d'enfants, Bapaume (62450).

Angélique Rulence, Conseillère en économie sociale et familiale, Maison d'enfants, Bapaume (62450).

INTRODUCTION
Il était une fois... une rencontre entre praticiens et enseignantes-chercheures

Origine de la recherche

La « recherche-accompagnement » présente la particularité de se concevoir et de se construire chemin faisant. C'est effectivement le cas de la recherche que nous allons présenter ici puisqu'à l'origine, elle ne s'appelait pas « recherche-accompagnement ». En 2003, à l'issue d'un séminaire réunissant des directeurs de Maisons d'enfants adhérant au GESAD 62[1], une commande s'était exprimée : mettre en place un dispositif visant la valorisation de la clinique institutionnelle et intégrant une dimension recherche. Jusqu'alors et durant des périodes de deux ans, ce dispositif se traduisait par des séances trimestrielles regroupant des professionnels de l'éducation spécialisée au cours desquelles des études de cas étaient présentées autour d'un thème. À titre d'exemple, « La bonne distance dans l'accompagnement éducatif ». Un écrivain public, extérieur à l'institution, prenait note de l'ensemble des situations débattues et en rendait compte singulièrement dans une synthèse qu'il présentait lors de l'assemblée générale clôturant les deux années. Fort de cette expérience enrichissante tant du point de vue des échanges que des questionnements émergents, une volonté institutionnelle s'est manifestée d'apporter une plus-value à la démarche. Avant d'aller plus loin, voici quelques éléments de contexte.

---

[1] Groupement d'Établissements du Secteur Associatif du Département du Pas-de-Calais.

Éléments de contexte

C'est dans le contexte particulier des lois de décentralisation et de la réorganisation des compétences entre l'État, la Région et de Département, que le GESAD 62 est né en 1986 à l'initiative de directeurs d'établissements et de services. L'objectif commun est de favoriser la rencontre entre des Maisons d'enfants issues de petites associations et des services d'AEMO[2] jusqu'alors éloignés géographiquement les uns des autres. Le but de cette association est de « proposer aux différents partenaires et organismes de tutelle, une instance d'étude, de concertation et de proposition de nature à permettre un véritable partenariat entre le secteur associatif et les pouvoirs publics, dans l'intérêt des jeunes accueillis »[3]. Dix ans plus tard, le GESAD 62 ressent le besoin de préciser ses axes de travail et d'action. À l'issue d'un premier séminaire à Combloux[4], un premier rapport d'orientation est rédigé. Il aboutit à la rédaction d'une charte de l'adhérent et à l'ouverture d'un lieu d'expression et de réflexion destiné aux professionnels des établissements. Dans la foulée, en 1996, est créé le LAPES[5]. Parallèlement aux échanges permanents autour d'une éthique partagée entre directeurs, les personnels des différents établissements et services ont désormais la possibilité de se rencontrer et d'échanger autour de thèmes communs en phase avec l'actualité ou avec les préoccupations propres à leur champ d'activités : le secteur de l'enfance en difficulté sociale et familiale. Animés par des cadres d'établissements constituant le comité de pilotage, les groupes répartis sur trois zones dans le département du Pas-de-Calais : le Littoral, le Centre, l'Artois, se réunissent trois fois par an.

---

[2] Action Éducative en Milieu Ouvert.
[3] Statuts de l'association art.2.
[4] Savoie.
[5] Laboratoire d'Analyse des Pratiques Éducatives et Sociales.

Évolution de la démarche

Ainsi, en 2005 et pendant deux ans[6], il s'est agi, pour Agathe Haudiquet, enseignante-chercheure en Sciences de l'éducation, d'exposer et de retranscrire le plus fidèlement possible des études de cas autour du thème « Frustrer pour aider à grandir », et les discussions que celles-ci ont suscitées, laissant apparaître des problématiques d'accompagnement d'enfants et de parents en difficulté. Le matériau recueilli a fait l'objet d'une analyse thématique à l'issue de laquelle des notions centrales sont apparues : cadre, accompagnement, lien, violence, sanction. La prise de conscience de la diversité des représentations autour de ces notions a fait naître une volonté commune de dégager des significations partagées afin de repenser le sens des pratiques. Il importait donc de réinterroger la démarche jusqu'alors mise en œuvre et d'inventer ensemble, dans le cadre du comité de pilotage du LAPES, de nouvelles formes d'accompagnement. Ce changement, validé par les adhérents du GESAD 62, a permis d'amorcer la démarche de recherche-accompagnement, démarche proposée par Martine Beauvais, enseignante-chercheure en Sciences de l'éducation et préoccupée, entre autres, par la légitimité des interventions auprès d'autrui en formation et en recherche. Dans le respect de l'organisation préalablement établie, à savoir des rencontres trimestrielles par zone géographique, de nouvelles formes de travail ont été imaginées « chemin faisant ». Précisons que chaque séance a fait l'objet d'un compte-rendu dont la présentation-discussion était le point de départ de la séance suivante, garantissant ainsi la cohérence et la lisibilité du processus engagé.

Les premiers travaux

Dans un premier temps, chaque notion repérée lors de la phase précédente (cadre, accompagnement, lien, violence, sanction) a fait l'objet, par zone, d'un travail de re-conception. Des sous-

---

[6] C'est également à ce moment-là que des travailleurs sociaux du Conseil général du Pas de Calais ont rejoint les professionnels des établissements du GESAD 62 et de l'EPDEF (Établissement public départemental de l'enfance et de la famille).

groupes de trois à quatre personnes issues de structures différentes ont été invités, à partir d'un *brainstorming*, à questionner leur représentation autour de chaque notion, à débattre autour du sens du mot et, à partir des consensus et des « dissensus » repérés, à choisir collectivement une signification relativement partagée. En effet, si le groupe parvenait d'un commun accord à retenir une définition commune, le travail entrepris avait mis en exergue des définitions plurielles portées par chacun au regard de sa propre expérience, de son propre contexte, projet, etc. Il convenait, alors, d'élucider les contextes au sein desquels chacune de ces définitions pouvait prendre sens.

Ainsi, dans un deuxième temps, afin de mieux rendre compte de la complexité des contextes, nous avons proposé de représenter de manière graphique les contextes tels qu'ils étaient appréhendés par les professionnels. Chaque sous-groupe a ainsi choisi la forme qui lui paraissait la plus parlante pour rendre compte des différentes perceptions des positionnements des partenaires (éducateurs, enfants, familles, administrations, etc.). Ce travail a fait émerger des « modèles »[7] de lecture des contextes montrant des dynamiques multiples : relations, interactions, influences, dépendances, réticences, tensions, affinités, alliances, appartenances... De la présentation argumentée de ces modèles puis, de leur confrontation, sont nés des questionnements plus ou moins en lien avec les notions premières, où le lien et l'accompagnement restaient au centre des préoccupations. Une pré-problématique semblait se dessiner autour de trois clés indissociables. Par la suite, ces clés se sont révélées pertinentes pour réinterroger la légitimité des pratiques professionnelles, à savoir les valeurs, le métier, les contextes.

La journée d'études

Au-delà du plaisir de se rencontrer, d'échanger et de la satisfaction des travaux produits, le besoin de partager avec d'autres s'est fait ressentir. D'où l'idée d'une journée d'études perçue comme point d'orgue de la partition composée à plusieurs mains. Idée

---

[7] Au sens d'une modélisation systémique, cf Le Moigne, J.-L. 1994. *Le constructivisme, tome 1 : des fondements*. Paris : ESF Éditeur.

soutenue et validée par le GESAD 62 parce qu'elle permettait de partager des expériences et des réflexions avec un public élargi, composé essentiellement de professionnels de terrain et d'étudiants.

Une fois de plus, la démarche était à repenser dans le cadre du LAPES. En effet, une journée d'études nécessite un pilotage relativement restreint et nécessairement rigoureux. Il convenait alors de réunir, dans le cadre de comités d'organisation, des représentants acceptant de s'engager dans ce nouveau rôle qui leur était proposé. Dans un souci démocratique, deux à trois représentants ont été élus par leurs pairs dans chaque zone. Au fil des réunions de préparation, tant l'organisation que le contenu et l'animation de la journée d'études ont été pensés et réalisés par les professionnels eux-mêmes, accompagnés[8] par les deux enseignantes-chercheures. Le 5 juin 2009, la journée d'études s'est déroulée à Arras, sous l'intitulé « Les pratiques socio-éducatives à l'épreuve des nouveaux contextes. Quel sens donnons-nous au métier aujourd'hui et demain ? ». Elle s'est articulée autour de deux temps forts : les communications du matin nourrissant les ateliers de l'après-midi et ce toujours autour des trois thématiques : valeurs, métier, contextes.

Écrire pour publier

Mais le point d'orgue n'étant pas le point final, une conclusion s'imposait, non pas pour clore le processus engagé mais plutôt pour attester d'un chemin parcouru en termes de re-conception et d'appropriation de savoirs professionnels. Ces savoirs venant légitimer de nouvelles postures autorisant à leur tour un questionnement permanent sur le sens du métier. Pour cette dernière étape, les formes de travail ont été redéfinies. Durant huit journées six travailleurs sociaux, de fonctions et de statuts différents, se sont engagés dans un processus d'écriture collective. Ce processus s'est développé à partir de règles d'organisation et de fonctionnement : écriture en deux sous-groupes composés de trois travailleurs sociaux et d'une enseignante-chercheure, production à partir des travaux formalisés depuis le début de la démarche dans le souci permanent du respect de l'intégrité des idées et des expériences recueillies.

---

[8] Au sens où nous le définirons par la suite.

C'est ainsi que l'ouvrage a pris forme lui aussi « chemin faisant », en tissant différentes formes de savoirs : savoirs professionnels, savoirs théoriques, savoirs procéduraux.

Rappelons que la production et la formalisation progressives de l'ensemble de ces savoirs se sont réalisées au fil du temps. Les divers comptes-rendus de séances de travail, les multiples écrits produits pendant chaque rencontre – notamment en vue de la journée d'études –, ont constitué le corpus à partir duquel cet ouvrage a été réalisé. Aussi, le lecteur pourra-t-il repérer dans ce texte deux, voire trois niveaux d'écriture : un premier niveau réflexif, qui lui-même enchevêtre, parfois jusqu'à les confondre, deux types d'écritures et sur lequel nous reviendrons, et un deuxième niveau constitué d'extraits d'échanges. Ces extraits sont retranscrits tels qu'ils ont été saisis et sont cités entre guillemets et en italique. Leur valeur est singulière et subjective, il s'agit de propos tenus dans des contextes particuliers, à savoir des réunions d'échanges entre pairs autour d'études de cas.

Revenons sur le premier niveau d'écriture. Les huit séances de co-écriture ont permis de sélectionner les thèmes autour desquels l'ouvrage pouvait se structurer, à savoir : le cadre, l'accompagnement et le lien, de choisir les extraits d'entretiens signifiants, de les discuter, de les questionner et d'entamer une réflexion sur les représentations du travail social mises en lumière par les travailleurs sociaux eux-mêmes, au fil du temps. À l'issue de ce premier travail et sur la base d'un document co-produit, une nouvelle phase d'écriture s'imposait, impliquant exclusivement cette fois-ci les deux enseignantes-chercheures. Cette phase a consisté à donner une forme à la fois plus consistante, plus harmonieuse et plus académique au premier document, notamment par l'apport d'éclairages conceptuels, mais ce, tout en veillant à rester au plus près des conceptions partagées et formalisées par les acteurs tout au long du processus de recherche-accompagnement et du processus de co-écriture.

CHAPITRE PREMIER
L'intervention socioéducative : une affaire de cadres

L'action socio-éducative ne peut être pensée qu'à partir de cadres. Cadres qu'il convient d'élucider en permanence, qui contiennent des éléments d'ordre juridique et social et qui évoluent au regard des pratiques et des contextes. Un des objectifs de l'action socio-éducative sera de permettre aux jeunes de saisir ces cadres, d'en appréhender les contours, les limites, d'en intégrer les points fixes et ce, afin de favoriser leur émancipation.

Notre propos s'organise en trois parties questionnant d'une part la valeur et la légitimité, d'autre part le sens et les finalités des cadres et enfin, les processus à l'œuvre dans l'intégration de ces cadres.

VALEUR ET LÉGITIMITÉ DES CADRES

Au regard des discours des travailleurs sociaux, il n'existe pas un, mais des cadres hiérarchisés en fonction de la valeur et de la légitimité qu'ils leur accordent. Au sommet se trouve la Loi sociale qui rassemble les normes juridiques représentatives d'un État de droit, le droit étant « l'ensemble des règles de conduite socialement édictées et sanctionnées qui s'imposent aux membres de la société »[9].

La pluralité des cadres

Le cadre général de la Loi qui régit la vie en société cohabite avec d'autres cadres qui concernent des espaces de vie plus restreints : vie personnelle, vie familiale, vie institutionnelle. Dans une société démocratique comme la nôtre, les cadres qui tracent les frontières au-delà desquelles les personnes s'exposent à la

---

[9] Cornu, G. 2004. *Vocabulaire juridique*. Paris : Presses Universitaires de France, p. 327-328.

réprobation et à l'exclusion sociales, sont le prix de la liberté individuelle.

À chaque cadre sa valeur

Il n'existe pas un, mais des cadres à vocation éducative : le cadre de l'enfant, le cadre de la famille, le cadre de l'institution, le cadre juridique. Chacun de ces cadres représente une valeur qui contribue ou pas à le légitimer.

« La loi sociale est un mécanisme indispensable à la socialisation. L'éducateur doit faire respecter la loi, les règles de la collectivité. Quand les parents ne l'ont pas fait, sans qu'il joue leur rôle, il prend le relais. Il propose des modèles d'adultes : ne pas tout autoriser (...). C'est le rôle de la société de frustrer à travers la loi, après les parents. C'est d'abord les lois de la maison qui doivent être appliquées par les parents (...).Pour l'enfant, une règle de vie n'est pas simple à imposer. Il faut lui expliquer, lui faire comprendre qu'on ne peut pas y déroger. C'est tellement plus simple de dire oui ! »

« Ce jeune a besoin d'être valorisé. Il cherche des modèles qu'il trouve chez les éducateurs, en puisant un peu de chacun. »

Dans cet extrait, une hiérarchisation des cadres apparaît avec, au sommet, « la Loi sociale », c'est-à-dire la Loi qui permet de vivre en société. Celle-ci recouvre l'ensemble des règles en vigueur nécessaires à la socialisation d'un individu, c'est-à-dire « le processus par lequel les individus sont intégrés dans une société donnée, intériorisent les valeurs, normes, codes symboliques et font l'apprentissage de la culture en général, grâce à la famille et à l'école, mais aussi par le langage, l'environnement, etc. »[10]. Dans le discours de l'éducateur, la famille, les parents en sont les premiers transmetteurs, à travers les « lois de la maison ». Certes, la famille est une société en miniature où l'apprentissage de la vie en collectivité peut se construire. Mais la société n'est pas une famille

---

[10] Grawitz, M. 1994. *Lexique des sciences sociales*. Paris : Dalloz.

dans le sens où elle ne se fonde pas sur des liens affectifs[11]. Par ailleurs, le processus de transmission n'est pas aussi simple qu'il y paraît à première vue, d'abord parce que les individus ne sont pas des « idiots culturels »[12], ensuite parce que l'individualisme croissant a fait évoluer les relations familiales[13]. En cas de défaillance des parents, l'éducateur se pose en représentant et même en garant de cette Loi sociale. C'est un rôle qui lui est dévolu par les pouvoirs publics depuis l'origine[14] et qui perdure à travers les siècles, sous différentes bannières.

Entre repères et limites

Lorsque les travailleurs sociaux évoquent le cadre éducatif, ils parlent de limites, de repères, de règles, de contraintes, de freins, d'obligations, d'interdits… Ces mots traduisent une conception restrictive de la liberté. En effet, le cadre s'impose aux jeunes, en tant que principe de vie sociale : « la liberté des uns s'arrête là où commence celle des autres », sans lequel règnerait la loi du talion, c'est-à-dire le droit de se faire justice à soi-même[15].

« Les jeunes ont besoin de repères (...). Les repères peuvent prendre des formes différentes, mais quand ils sont validés, on ne

---

[11] Dortier, J.F. 1998. *Les sciences humaines. Panorama des connaissances.* Auxerre : Éditions Sciences Humaines, p. 308.

[12] Garfinkel H. 1967. *Studies in Ethnomethodology*, Prentice-Hall, Englewood Cliffs, N. J., p. 66-75.

[13] « Dans la famille traditionnelle, l'éducation autoritaire supposait une soumission à des règles intangibles (…), et s'inscrivait dans un projet unique : reproduire le modèle parental. La montée de la culture jeune dans les années 60 a contribué à créer un clivage entre le modèle traditionnel des parents et la culture des jeunes. La transmission des règles de conduite se fait par capillarité, interactions, imitations, et non plus par dressage. Désormais, dans le groupe domestique, les statuts et les rôles importent moins que les individus. (…) Dans ce jeu symétrique, les modèles culturels se diffusent autant dans un sens (de parent à enfant) que dans l'autre ». *Ibid.*, p. 310.

[14] Barreyre, J.Y., Bouquet, B., Chantreau, A., Lassus, P. 1995. *Dictionnaire critique d'Action sociale.* Paris : Bayard Editions, p. 367.

[15] Alland, D. 2003. « Justice privée », p. 907-910, dans Alland, D., Rials, S. *Dictionnaire de la culture juridique.* Paris : Lamy - Presses Universitaires de France.

les remet pas en cause. On adapte mais on ne discute pas le fond, sinon ça deviendrait l'anarchie. C'est bête et méchant. »

« *Il y a un cadre et des règles de vie institutionnelle à accepter (...). La vie en société implique des obligations et des limites. C'est à travailler.* »

« *Au nom de quoi tu poses l'interdit ? (...). Cela dépend du social, du collectif. Toutes les institutions y sont soumises. On est tous soumis à quelque chose qui s'impose à nous et qui est source de légitimité, évitant ainsi le sentiment de règlement de compte.* »

« *Comme on pouvait s'en douter, l'intégration du jeune a été périlleuse. Il a régulièrement fugué durant les premiers temps du placement. Dans l'établissement, il a été confronté à des règles de vie très structurées auxquelles il était tenu de se plier. Pas habitué à cela, pour lui ce n'était pas facile (...). Avant, il faisait ce qu'il voulait. Dès qu'il est arrivé, on lui a imposé un cadre. Il a réagi tout de suite, avec une fugue au bout de 48 heures. Au bout de deux jours, il demandait des sous, du Lacoste... Maintenant, il comprend les choses quand on dit "non". Il a du mal mais il revient. Il ne claque même plus les portes.* »

En fait, cette conception, que l'on pourrait qualifier d'emblée d'idéaliste et de subjective[16] trouve un ancrage constitutionnel dans la Déclaration des Droits de l'Homme et du Citoyen, qui, précisément, affirme : « La liberté consiste à pouvoir faire tout ce qui ne nuit pas à autrui : ainsi, l'exercice des droits naturels de chaque homme n'a de bornes que celles qui assurent aux autres membres de la Société la jouissance de ces mêmes droits. Ces bornes ne peuvent être déterminées que par la Loi ». Sous l'emprise actuelle du positivisme juridique[17], la Loi, qui a vocation à garantir la paix ou la cohésion sociale, dans le cadre du triptyque Sécurité (tranquillité) publique - Santé (salubrité) publique - Bonnes mœurs, sert de curseur

---

[16] « Qui appartient à une personne », Cornu, G. 2004. *Op. cit.*, p.872.
[17] Maulin, E. 2003. « Positivisme », p. 1171-1177, dans Alland, D., Rials, S., *Op. cit.*

entre le maintien de l'ordre public et l'exercice des libertés individuelles que l'État est également tenu de garantir dans un régime démocratique. La tension inéluctable entre ces deux obligations étatiques conduit le législateur et le juge, qui interprète la Loi, à déplacer en permanence ce curseur, révélant ainsi une représentation dominante, minimaliste à maximaliste[18], de l'État, de la morale sociale et de ce que signifie « ne pas nuire à autrui ».

Le cadre de l'enfant et de sa famille

Dans leurs discours, les travailleurs sociaux prennent en compte le cadre que l'enfant pose lui-même, notamment en cas de défaillance ou d'absence de cadre familial. Deux cas de figure sont envisagés.

L'enfant-roi

Le premier est celui de l'enfant-roi, tout-puissant, qui ne se donne d'autre règle que celle qui consiste à être totalement libre, indépendamment de l'environnement familial, scolaire, social. Or, selon les travailleurs sociaux, cela conduit à un repli dans un monde intérieur et à une exclusion du monde extérieur, à savoir la société. Le risque de désocialisation qui en découle pousse l'éducateur à délégitimer ce cadre-là.

« Qu'est-ce qui fait qu'il reste là, dans l'établissement ? Après tout, il était l'enfant-roi chez lui. Aujourd'hui, le cadre doit lui paraître sévère (...). Sévère ? Marqué, plutôt. »

« La jeune refuse le suivi par une personne de l'institution mais elle l'accepte l'aide qui vient de l'extérieur. De ce fait, on n'a pas de retour. On a une discussion virulente avec elle sur les

---

[18] Nous revenons sur ces questions dans le chapitre sur les fondements épistémologiques et éthiques de la « recherche-accompagnement ». Précisons juste ici que dans sa version maximaliste, la responsabilité est infinie et incessible (J.-P. Sartre, H. Jonas, E. Lévinas), alors que dans sa version minimaliste elle se limite aux seuls devoirs positifs, à savoir ne pas nuire volontairement à l'Autre (R. Ogien).

repères, le cadre et, au repas, elle exige qu'on soit à côté d'elle ! »

« Les enfants doivent prendre conscience de leur violence au quotidien. Ils ne s'en aperçoivent pas toujours car ils évoluent dans un contexte violent. D'où la nécessité de remettre à plat leur fonctionnement. Ce travail de base chez les petits est plus difficile à mettre en œuvre avec les grands (...). D'autant plus que chez les adolescents, il y a la loi du silence. Bien des faits ne sont connus que longtemps après, par crainte de représailles d'un leader qui a une mainmise sur le groupe. C'est d'ailleurs grâce aux groupes de parole des enfants que les choses peuvent se dévoiler à un moment donné. »

« Ce jeune ne supporte pas l'idée que l'on puisse lui imposer la séparation avec sa mère et de le priver la relation qui les lie. Au fil des années, il a réussi à profiter du manque d'autorité de sa mère, de l'absence d'un cadre éducatif clair, de l'absence totale de son père, pour se créer un monde ou les seules règles sont les siennes. Déscolarisé, il passe ses journées à la maison à regarder la télé et à jouer à la PlayStation. Il s'inscrit, ainsi, dans un immobilisme inquiétant et manifeste un détachement et une passivité inquiétante, se confortant dans l'idée qu'il est le seul à décider de son avenir : "avant ma mère, elle criait, mais ça ne servait à rien" ; "c'est toi qui décides alors ?" ; "oui". Tant qu'il reste à la maison, sans la moindre contrainte, sans la plus petite obligation, tout se passe bien. Donc, pour éviter tout conflit avec son fils, madame a depuis longtemps cessé de vouloir lui imposer quoi que ce soit. Elle a tendance, à chaque entretien avec un travailleur social, à minimiser les difficultés de son fils, voire même à les excuser. »

« Dans les accueils provisoires, on a souvent un revirement de la part des parents. Ils refusent d'adhérer alors que c'est eux qui ont fait la demande au départ. C'est déculpabilisant de dire : "Je ne peux plus prendre en charge mon enfant" (...). Ce n'est pas eux qui vont assumer la séparation mais un tiers ».

> « *La mère a infantilisé son fils avec lequel elle entretient une relation fusionnelle. Elle en a fait un "enfant roi", qui refuse toute frustration, source pour elle de conflits et de mal être.* »

On pourrait y voir une dérive inhérente à l'évolution du statut juridique de l'enfant dans notre société. En quelques années, en surfant sur la vague des droits de l'enfant[19], l'enfant est presque devenu un sujet de droit[20] à part entière, à la faveur d'un individualisme juridique totalisant (le « tout-sujet de droit »). Contrairement aux idées reçues, il n'a pas été exclusivement doté de droits, comme l'image de l'enfant-roi pourrait l'incarner ; il a également en contrepartie été pourvu d'obligations. De cette manière, si l'enfant a le droit d'être protégé, entretenu et éduqué par ses parents, il leur doit, en retour, « honneur et respect »[21]. La charge de responsabilité, civile, pénale et morale, qui en découle réinterroge inévitablement celle des adultes, des parents en l'occurrence. Ainsi, la responsabilisation juridique et morale de l'enfant, que d'ailleurs celui-ci n'est pas en mesure de supporter intégralement en raison de sa vulnérabilité et de son manque de discernement, pourrait avoir comme effet pervers la déresponsabilisation de ses parents alors même que ceux-ci se doivent de le protéger et de l'éduquer. Or, « l'enfant ne peut être considéré comme un adulte en miniature. C'est une tentation naturelle du monde adulte qui lui permet de se dégager de ses responsabilités à son égard. Il serait plus facile, en effet, de livrer le jeune délinquant au même régime pénal que le majeur en lui accordant une réduction de peine ; ce serait également plus confortable pour la justice de laisser l'enfant décider avec quel parent résider. Mais ce serait oublier l'enfance de l'enfant »[22]. Ne l'aurions-nous pas d'ores et déjà oublié ? Il semblerait que ce soit le cas, d'après les propos tenus dix ans plus tôt par le président de

---

[19] Convention du 20 novembre 1989 relative aux droits de l'enfant, adoptée sous l'égide de l'ONU, ratifiée par la France en 1990.
[20] « Personne (physique ou morale) considérée comme support d'un droit subjectif, titulaire du droit (sujet actif) ou débiteur d'obligation (sujet passif) », Cornu, G. 2004. *Op. cit.*, p. 879.
[21] C. civ., art. 371.
[22] Youf, D. 2002. *Penser les droits de l'enfant*. Paris : Presses Universitaires de France, p. 128.

l'Association des magistrats de la jeunesse : « Les "droits de l'enfant" représentent une formidable aubaine pour celles et ceux qui ne demandent qu'à se dégager du "fardeau éducatif" de plus en plus lourd, dans un monde qui, du moins en Occident, donne l'impression de renoncer à transmettre à l'enfant de quoi s'instituer dans une histoire. (…) Qui d'entre nous n'a pas observé la multiplication de ces "abandons de fait" par des parents débordés, lassés, culpabilisés, et qui agressent les institutions sur le mode "prenez-le" avant de s'entendre répondre de manière à peine moins agressive : c'est à vous de la prendre en charge ! (…) Je crains que, faute de mesurer les limites de l'enfant en tant que "sujet de droit", certains ne finissent, sans l'avoir souhaité, par libérer non pas l'enfant, mais ses parents, ses éducateurs, et même l'État des obligations qu'ils devraient assumer »[23].

En tout état de cause, face à l'avènement de l'enfant-sujet de droit, les travailleurs sociaux opposent une fin de non-recevoir dès lors que les règles qu'il se donne et qu'il impose aux autres, telle la « loi du silence » par exemple, entrent en conflit avec le droit commun, autrement dit, la Loi sociale.

L'enfant raisonnable

Le deuxième cas de figure est celui de l'enfant « raisonnable », qui chemine vers le monde des adultes, et en accepte progressivement les contraintes. Les travailleurs sociaux approuvent le cadre intérieur de l'enfant ou du jeune dès lors que celui-ci favorise sa responsabilisation en tant que futur adulte. C'est le modèle de l'adulte responsable de ses actes, du citoyen, auquel ils se réfèrent pour ancrer leur action éducative.

« C'est une jeune qui est déstructurée parce que livrée à elle-même. Sur le plan familial, son père ne pouvait l'accueillir car sa compagne, chez qui il vit, touche l'API. Si on regarde qui elle était et ce qu'elle est devenue, il existe une évolution, mais pas suffisante pour qu'elle accepte à 18 ans les règles de la vie. Elle est intelligente : elle dit qu'elle est malade, elle demande

---

[23] In Théry, I. 1996. *Le démariage*. Paris : Odile Jacob, p. 391.

quatre jours et le médecin lui en met douze (...). Ce n'est pas bon pour elle d'avoir des gens qui cautionnement ce fonctionnement (...). Je ne trouve pas qu'on doive rager parce qu'elle exploite le système : c'est un signe de bonne santé (...). C'est une technique. C'est à nous de jouer avec ça pour qu'elle avance (...). Et de lui dire qu'on n'est pas dupe. Grâce à son arrêt-maladie, elle ne pouvait plus sortir du tout, donc...(...). C'est elle qui s'est finalement imposée toute seule les contraintes : "maintenant, je ne suis plus malade..." ; "non, l'arrêt se poursuit". C'est la rendre responsable de ses actes pour qu'elle ait un avenir en tant qu'adulte. C'est quelqu'un qui n'a jamais eu de règles jusqu'à ces six derniers mois. »

« Au quotidien, c'est une adolescente qui a besoin d'échanger régulièrement avec l'adulte. Elle est intéressante : elle se responsabilise, sait faire preuve d'honnêteté, notamment en reconnaissant ses erreurs et en sachant proposer des solutions pour les réparer. Elle a parfois encore des réactions un peu vives, des propos un peu rudes, mais sait désormais prendre du recul et en rediscuter. »

Être responsable de ses actes, telle est la destinée juridique de toute personne majeure, ayant 18 ans accomplis. Toutefois, aujourd'hui, à quelques rares exceptions près, toutes les personnes, indépendamment de leur vulnérabilité ou de leur degré de discernement, y compris donc les majeurs protégés et les enfants mineurs, sont civilement responsables des dommages qu'elles sont susceptibles de produire. En complément de la règle générale selon laquelle « Tout fait quelconque de l'homme, qui cause à autrui un dommage, oblige celui par la faute duquel il est arrivé à le réparer »[24], la loi ajoute que « On est responsable non seulement du dommage que l'on cause de son propre fait, mais encore de celui qui est causé par le fait des personnes dont on doit répondre, ou des choses que l'on a sous sa garde »[25], notamment celles qui sont traditionnellement considérées comme vulnérables, tels les enfants

---

[24] C. civ., art. 1382.
[25] C. civ., art. 1384 al. 1.

mineurs. Au point que la Cour de cassation a estimé qu'un enfant de 3 ans était responsable du fait d'avoir éborgné un autre enfant avec un bâton qu'il tenait à la main, en tombant d'une balançoire constituée par une planche qui se rompit, dès lors qu'il avait l'usage, la direction et le contrôle du bâton, sans avoir à rechercher, malgré son très jeune âge, si celui-ci avait un discernement[26]. En dissociant progressivement l'acte du dommage, la responsabilité de la faute, le dommage du degré de discernement, tout un chacun est désormais invité à emprunter la voie de la réparation. C'est ce modèle que, visiblement, les travailleurs sociaux retiennent dans l'exercice de leurs activités éducatives auprès des enfants, mais en partie seulement dans la mesure où ils continuent d'accorder beaucoup d'importance au caractère intentionnel de la faute.

L'autorité parentale

Pour les travailleurs sociaux, les parents sont « naturellement » les éducateurs de leur enfant. Cette éducation comprend le devoir de protection et la responsabilité.

« La relation affective entre la jeune et son bébé est bien présente. Le discours éducatif dans lequel elle se projette avec son enfant est cohérent, elle a conscience de son devoir de protection, de sa responsabilité et aussi de la nécessité de poser un cadre et des limites. »

À vrai dire, ce n'est pas à proprement parler « naturel », puisque ce rôle est légalement dévolu aux parents. Au nom de l'autorité parentale, conçue comme « un ensemble de droits et de devoirs ayant pour finalité l'intérêt de l'enfant »[27], les représentants légaux assurent la protection de la santé, de la sécurité, de la moralité, l'entretien ainsi que l'éducation de leur enfant. En outre, ils sont responsables de plein droit des dommages que celui-ci pourrait commettre. La sur-responsabilisation parentale qui découle de l'addition de ces obligations est le fruit d'un processus d'autonomisation des personnes composant la famille (père, mère,

---

[26] Cass. plén. 9 mai 1984, n°80-14994.
[27] C. civ., art. 371-1 al. 1.

enfant) et d'individualisation des rapports familiaux. Dans ce contexte, « au droit classique de la famille qui instaurait un cadre normé et des principes de fonctionnement et d'autorité, est venu s'ajouter un droit des individus à l'intérieur même de la cellule familiale : droit des femmes par rapport aux hommes, en référence au principe d'égalité, mais aussi droit des enfants… »[28]

Il reste, cependant, qu'entre ce que dit le droit de la famille au plan théorique, et ce que les parents font réellement, il peut y avoir des décalages. À cette occasion, peuvent apparaître des modèles de parentalité minoritaires qui n'entrent pas dans le cadre autorisé. Cela interroge le processus de normalisation et, plus largement, le phénomène de l'habitus[29] à travers la résistance au modèle normatif et la disposition des parents à se positionner hors champ juridique.

Le devoir parental

Ce registre langagier du devoir et de l'obligation laisse entrevoir une injonction à être parent, poseur d'un cadre éducatif. Or, paradoxalement, si les travailleurs sociaux exigent que le parent prenne cette place, dans le même temps, ils exigent également de lui qu'il s'éloigne ou qu'il s'efface devant l'action socio-éducative, en le disqualifiant. Pour saisir le sens de cette injonction paradoxale, il convient de la contextualiser, notamment au regard du placement, qui impose la séparation, et de la situation sociale de la famille ne satisfaisant plus, momentanément, aux critères minimum de sécurité.

---

[28] Commaille, J. 2001. « Famille : entre émancipation et protection sociale ». *Sciences Humaines*, n°115, p. 28-31.
[29] Bourdieu, P. 1980. *Le sens pratique*. Paris : Ed. de Minuit, p. 88-89 : « Les conditionnements associés à une classe particulière de conditions d'existence produisent des habitus, systèmes de dispositions durables et transposables fonctionnant comme principes générateurs et organisateurs de pratiques et de représentations qui peuvent être objectivement adaptées à leur but sans supposer la visée consciente de fins et la maîtrise expresse des opérations nécessaires pour les atteindre, objectivement réglées et régulières sans être en rien le produit de l'obéissance à des règles, et, étant tout cela, collectivement orchestrées sans être le produit de l'action organisatrice d'un chef d'orchestre ».

« *Celle qui a les clés, c'est la mère. Par conséquent, il faut travailler avec elle. Je pense que c'est la manière dont on parle avec la mère qui est important : "Madame, vous devez être une mère, soyez au clair avec les places à occuper". Ensuite, la question est de savoir si on travaille ou non avec la mère pendant l'éloignement. Si on travaille avec elle, alors, on lui propose une porte de sortie. Le premier travail, c'est de l'aider à accepter l'absence de rencontres avec son enfant.* »

« *Il faut se centrer davantage sur l'enfant et moins sur la situation familiale. Mais, au quotidien, la mère est omniprésente, ce qui peut perturber le travail de l'équipe éducative. Il faut la situer comme responsable en tant que mère. Ce n'est pas évident de travailler avec la loi dans cette famille.* »

« *Bien que le jeune souhaite retourner définitivement chez lui, nous pensons qu'il est bien trop tôt, la famille n'étant toujours pas capable de lui imposer de véritables règles d'éducation.* »

« *C'est le décalage entre le discours des parents et celui de l'institution. C'est la difficulté d'éduquer sans disqualifier les parents.* »

Paradoxalement, si les parents manifestent la volonté d'exercer leur fonction éducative malgré le placement de leur enfant et de la séparation matérielle qui en résulte, les travailleurs sociaux déduisent de cette séparation la nécessité pour les parents de s'éloigner de l'enfant et la légitimité de leur rôle éducatif de substitution ou de « subsidiarité parentale »[30]. Ainsi, la démission parentale, le renoncement à la parentalité[31] ne seraient pas

---

[30] Chauvière, M. 2008. « La parentalité comme catégorie de l'action publique ». *Informations Sociales*, n°149, p. 16-29.
[31] « Ainsi, peu à peu, dans le vocabulaire, on a vu surgir la notion de « parentalité ». Jusqu'alors, le droit ne connaissait que la parenté, lien juridique dépendant de la filiation qui rattache une personne à une autre par rapport à un auteur commun. La parentalité n'a rien à voir avec la parenté. Elle est totalement indifférente aux fonctions de la parenté, c'est-à-dire à l'inscription généalogique du sujet, à l'identité

uniquement dus au développement des droits de l'enfant-sujet et à l'effet de balancier que celui-ci peut entraîner, mais également à un « dispositif de protection de l'enfance, de mise à l'écart et de disqualification des parents »[32] dont la mise en œuvre introduit chez les travailleurs de tels propos. La disqualification sanctionne l'incompétence des parents, immédiatement imputable au fait que l'enfant est confié au service de l'Aide sociale à l'enfance. Cette incompétence supposée justifie, semble-t-il, de passer outre, sous couvert de l'autorité judiciaire, le consentement du représentant légal qui refuserait l'accueil socio-éducatif[33]. Mais le législateur n'en est pas resté là, en y répondant plus sévèrement par un traitement pénal sous la forme d'un « délit d'incompétence parentale »[34]. Toutefois la porte reste ouverte aux « mauvais » parents qui peuvent se rattraper dans le cadre du contrat de responsabilité parentale[35], dont le caractère impératif laisse néanmoins perplexe au regard des fondements juridiques du contrat, à savoir la liberté de consentement et l'autonomie de la volonté.

Les parents pourraient également se sentir disqualifiés par les juges lorsque ces derniers les privent de leur responsabilité civile envers leur enfant, non pas pour les punir ou les récompenser mais tout simplement, au nom de la solvabilité, pour retenir la responsabilité des structures d'accueil. Ainsi, dès lors que le placement de l'enfant mineur est de nature judiciaire et que la mission assignée à l'établissement qui en a la garde consiste à « organiser, contrôler et à diriger à titre permanent le mode de vie du mineur »[36], selon la formule consacrée en jurisprudence,

---

qui en découle et à sa place attribuée dans la chaîne familiale. Elle pourrait être traduite par « exercice de la fonction de parent » et procède d'une confusion entre compétence et autorité parentale », Neirinck, C. 2007. « L'enfant, être vulnérable ». *Revue de droit sanitaire et social*, n°1, p. 5-14.
[32] *Ibid.*
[33] CASF, art. L223-2.
[34] « Le fait, par le père ou la mère, de se soustraire, sans motif légitime, à ses obligations légales au point de compromettre la santé, la sécurité, la moralité ou l'éducation de son enfant mineur est puni de deux ans d'emprisonnement et de 30 000 euros d'amende », C. pén., art 227-17.
[35] CASF, art. L222-4-1.
[36] Cass. civ. 2, 20 janvier 2000, n°98-17005.

l'établissement est responsable de plein droit des dommages commis par le mineur, même lorsque celui-ci habite avec ses parents au moment des faits[37], « dès lors qu'aucune décision judiciaire n'a suspendu ou interrompu cette mission éducative »[38].

Ce transfert de responsabilité ajoutée à la stigmatisation de l'incompétence parentale fondent et alimentent, désormais en grande partie, la légitimité des interventions éducatives et judiciaires[39].

Le cadre de l'institution socio-éducative

Entre l'enfant, sa famille et l'institution qui incarne le bien commun, le travailleur social se considère comme un tiers jouant le rôle de médiateur et d'accompagnant.

Le tiers-médiateur

Les travailleurs sociaux donnent à l'institution et, se donnent en tant que composantes de l'institution, le statut de tiers. Ainsi, parlent-ils tantôt de « tiers-institutionnel », tantôt de « tiers-éducateur ». Ces expressions traduisent l'idée que l'institution comme l'éducateur regarderaient, avec un certain recul, une certaine distance, la situation de l'enfant ou du jeune.

« L'équipe éducative a souvent le nez dans le guidon. La responsabilité de tiers médiateur de l'institution lui permet de prendre du recul (...). L'institution a une responsabilité de tiers médiateur. Surtout dans un contexte où l'enfant ne se voit pas souvent dire "non". On pousse de plus en plus loin nos réflexions à propos des limites. Avant, on disait "non". Aujourd'hui, on doit expliquer un acte éducatif à l'enfant, même aux collègues. Depuis la loi 2002-2, on doit se justifier auprès des parents. Le "non" se

---

[37] Cass. civ. 2, 6 juin 2002, n°00-15606.
[38] Cass. civ. 2, 6 juin 2002, n°00-18286.
[39] « Depuis quelques années, une bonne partie du travail social, au sens large, se fait désormais plus ou moins « sous ordonnance parentale », ce qu'il faut considérer non seulement dans sa forme matérielle ou contractuelle mais aussi comme un mode de légitimation de l'intervention [judiciaire et socio-éducative] », Chauvière, M. 2008. *Op. cit.*, p. 25.

dit de moins en moins. On entend les enfants qui disent :"j'ai des droits". Moi, je me plais à croire qu'on est encore dans l'explication sans aller jusqu'à la justification. Expliquer ce n'est pas justifier. Si on n'explique pas, l'enfant va demander une justification : "Pourquoi tu dis non ?". Il s'agit de mettre l'enfant en situation de responsabilité en lui renvoyant la question : "À ton avis, pourquoi je te dis 'non' ?". Le jeune doit comprendre son environnement, les interactions des acteurs, les représentations de l'extérieur. Lui expliquer, c'est lui permettre de s'adapter à la société, à ce qu'on attend de lui. On a commencé le DIP (document individuel de prise en charge) où on relate la situation, le contexte, les objectifs à atteindre avec les parents et les enfants : "Voilà les engagements de chacun". Ça permet l'échange, l'explication. On commence quelque chose ensemble. »

« Ce fonctionnement permet à l'éducateur de s'appuyer sur le tiers institutionnel, au delà de sa responsabilité individuelle. C'est le corps institutionnel qui donne une sanction. Par exemple, fumer dans des lieux non autorisés, c'est deux règlements ; frapper, c'est dix règlements(...). Les enfants ont tenté de mettre en faille le système en refusant, en imputant la faute aux éducateurs. Mais, finalement, ils ont à cœur de ne pas tomber dans le service minimum. »

La posture du tiers est dominée par l'extériorité. Elle s'inscrit dans le rapport au monde extérieur et aux autres. En tant que médiateur, le « tiers-éducateur » ou le « tiers-institution » assure la liaison entre le monde intérieur du jeune et le monde extérieur ou la société. La médiation étant généralement associée à l'existence préalable d'un problème ou d'un conflit, on pourrait supposer que celui-ci résulte d'un décalage entre le monde du jeune et le monde extérieur. C'est « un processus souvent formel par lequel le tiers tente, à travers l'organisation d'échanges entre les parties, de permettre à celles-ci de confronter leurs points de vue et de rechercher une solution »[40].

---

[40] Barreyre, J.Y., Bouquet, B., Chantreau, A., Lassus, *Op. cit.*, p. 237.

Il comprend également une dimension juridique[41], notamment à partir du moment où il prend la forme d'un contrat. En quelques années, grâce à l'intervention du législateur[42], le contrat est devenu, dans le secteur social, un outil essentiel de régulation des relations entre les bénéficiaires et les prestataires de l'aide et de l'action sociales. Un contrat de séjour ou un document individuel de prise en charge est dorénavant systématiquement rédigé de manière à « définir les objectifs et la nature de la prise en charge ou de l'accompagnement dans le respect des principes déontologiques et éthiques, des recommandations de bonnes pratiques professionnelles et du projet d'établissement », et à « détailler la liste et la nature des prestations offertes ainsi que leur coût prévisionnel »[43]. Au regard de la loi, il est signé par le directeur de l'établissement et contresigné par la personne accueillie ou son représentant légal. Or, connaissant un des éléments essentiels du contrat qu'est l'accord des volontés, libres et éclairées, on peut s'interroger sur la validité et la légitimité des contrats d'accompagnement éducatif[44] s'adressant à des personnes vulnérables et protégées.

Le tiers-accompagnant

Mais, si l'éducateur revendique le statut de tiers comme poseur ou « diseur » d'un cadre, il est partie prenante en tant qu'accompagnant de l'enfant ou du jeune. La posture est délicate dans la mesure où il peut être à la fois juge et partie. Elle est, malgré tout, assumée.

« La place du tiers est importante dans les familles en grande difficulté (...). Mais le problème avec le placement, c'est

---

[41] « La médiation est une entremise réalisée par un tiers et destinée à réconcilier les parties en litige », Jarrosson, C. 2003. "Médiation", p. 1009-1012, dans Alland, D., Rials, S. *Op. cit.*
[42] Loi n°2002-2 du 2 janvier 2002 rénovant l'action sociale et médico-sociale, JORF du 03.01.2002 ; Décret n°2004-1274 du 26 novembre 2004 relatif au contrat de séjour ou document individuel de prise en charge prévu par l'article L314-4 du code de l'action sociale er des familles, JORF du 24.11.2004.
[43] *Ibid.*, art. 8.
[44] Haudiquet, A. 2005. *La culture juridique des travailleurs sociaux. Etats des lieux et besoins de formation.* Paris : L'Harmattan, p. 52-59.

que celui qui pose le cadre ne peut plus poursuivre la prise en charge. Peut-être une autre personne que celle qui suit la situation devrait poser le cadre (...). Pourtant, c'est important que celui qui donne les limites soit celui qui accompagne. Il faut accompagner les personnes à qui on donne des limites, sinon ça n'a pas de sens. Dans l'éducation il y a deux fonctions indissociables : donner des limites et accompagner. »

Reste à savoir si être un tiers est compatible avec la fonction de garde-fou et d'accompagnement du travailleur social. De notre point de vue, elle est indispensable quand il s'agit de rappeler ou de poser le cadre de la Loi de manière objective et impartiale. Le tiers peut alors se transformer en arbitre face à une situation litigieuse. Qu'en est-il du tiers-accompagnant ?[45]

Le bien commun

Les travailleurs sociaux développent une conception positive et constructive du cadre institutionnel sous forme de présupposés qui mériteraient d'être interrogés. En affirmant que le cadre éducatif posé par l'institution est nécessairement bon pour l'enfant ou le jeune, ils semblent s'inscrire dans une démarche paternaliste.

« *Les jeunes ont besoin de repères. Un jeune, venant d'une institution où il était leader, a voulu tester le groupe en arrivant chez nous, et s'est fait bousculer. En concertation, il a dit : "Je suis bien parce qu'on me met des limites".* »

« *Force est de constater que, depuis son arrivée, nous lui avons imposé un cadre de vie avec des règles d'éducation. Le jeune a évolué positivement et se reconstruit un peu plus chaque jour. Il communique plus facilement, en sachant qu'il a encore des efforts à faire. Son projet professionnel se dessine, il a su exprimer son désir. Bien qu'il souhaite retourner définitivement chez lui, nous pensons qu'il est bien trop tôt, la famille n'étant toujours pas capable de lui imposer de véritables règles d'éducation. De notre côté, nous sommes prêts à continuer le*

---

[45] Nous reviendrons sur cette question dans notre chapitre sur l'accompagnement.

suivi avec, comme objectif, un retour définitif au plus tôt dès sa majorité (...). Globalement, il n'y a plus de grosses crises chez ce jeune. Celui-ci se montre plus virulent face à une femme (...). Il est quand même passé à l'acte avec sa sœur. Son père était violent et son image de la femme fort abîmée. Ici, il trouve un cadre qu'il n'a jamais eu, c'est donc positif. Maintenant, comment travailler cela ? Inconsciemment, le jeune avait besoin d'un cadre. C'est sécurisant. Ici, dans l'établissement, il a rencontré des gens qui discutent avec lui et s'occupent de lui (...). Maintenant, il a sa place (...). J'ai parlé un peu plus avec lui : "chapeau ! Sacré bout de chemin !". Il m'a regardé avec un sourire, heureux. »

« La mère a infantilisé son fils avec lequel elle entretient une relation fusionnelle. Elle en a fait un "enfant roi", qui refuse toute frustration, source pour elle de conflits et de mal être. Par ailleurs dans le cadre scolaire, ce jeune se montre parfaitement capable de respecter le cadre posé par l'institution. C'est un élève moyen qui montre une certaine lenteur dans son travail, mais aussi une volonté de bien faire (...). Il semble en difficulté lorsqu'il est confronté à des limites (...). Or, pour grandir harmonieusement, il a besoin d'un cadre structurant et d'être confronté à la frustration, ce que sa mère et lui-même reconnaissent d'ailleurs aujourd'hui. Le travail d'AEMO s'oriente essentiellement dans ce sens (...). Néanmoins, la mère craint que cette frustration rende son fils malheureux (...). Depuis peu, tenant compte de nos conseils, elle dit ne plus céder aux caprices de son fils. Elle semble s'apercevoir que celui-ci, en grandissant, devient difficilement gérable et qu'il est maintenant temps de lui imposer des limites pour son bien. »

Dans ces différents extraits, les travailleurs sociaux regardent le cadre familial à contre-jour du cadre institutionnel. Peut-être pouvons-nous y voir une tentative de conciliation entre la volonté individuelle de l'enfant et de sa famille et l'intérêt général que l'institution sociale incarne à travers le travailleur social. A priori, c'est le « bien commun », que l'institution représente, qui prédomine.

Le cadre juridique

Les travailleurs sociaux se réfèrent au cadre juridique en dernière instance, en cas de transgression des interdits sociaux.

Entre répression et prévention

Manifestement, au regard de leurs discours, les travailleurs sociaux prennent en compte le cadre juridique. Celui-ci est essentiellement envisagé dans sa dimension pénale, à travers des actes répréhensibles tels que les violences ou les agressions, comme par exemple, les mauvais traitements, mais aussi, les actes de barbarie. Si les travailleurs sociaux prennent en charge les conséquences dommageables de ces actes du point de vue éducatif et préventif, ils se situent en dehors du champ répressif, en le qualifiant d'« extérieur » ou en le considérant comme un « ailleurs », qui s'ouvre avec un dépôt de plainte. Cet ailleurs est incarné par le juge, garant de la Loi. Ainsi, une ligne de démarcation est symboliquement tracée entre le champ répressif, judiciaire et le champ éducatif, avec, comme critère principal, la gravité des faits.

« Ce n'est pas évident car il faut travailler avec la loi. Dans une famille, une adolescente a été mise en examen pour avoir commis des actes de barbarie sur un jeune. Nous pensons qu'elle a reproduit ce qu'elle a vécu (...). Ce n'est pas occulter cet évènement qui relève d'un ailleurs : de la loi et du juge. »

« Que fait-on face aux choses graves, aux maltraitances sur les enfants ? (...). Là, c'est autre chose. L'institution marque les choses. Mais, si c'est grave, c'est la plainte, le juge, et alors, la sanction est à un autre niveau. »

« Elle a commis des violences sur une jeune qui a porté plainte. La procédure est en cours. L'institution n'a pas pris position (...). Mais si, parce que quand elle "casse", elle paie avec son argent de poche (...).On fait payer un carreau mais pas la violence à autrui ? (...). On estime que ça relève de la loi, de l'extérieur. »

« Quand je constate une transgression à la loi, je renvoie à la justice. Si la réaction de l'institution, c'est : "ça va se traiter ailleurs", alors on n'a plus rien à faire, et c'est dommageable. »

Pour comprendre la prédominance de la conception répressive du droit chez les travailleurs sociaux, plusieurs pistes de réflexion peuvent être ouvertes.

D'une part, à l'occasion de l'accomplissement de leurs missions, ceux-ci sont fréquemment amenés à côtoyer le monde de la délinquance[46] et, corrélativement, celui de la justice pénale[47], comme « partenaires privilégiés auprès de la justice »[48]. Pour autant, ils cherchent à se distinguer de la classe juridique[49] dont le juge est le représentant par excellence. En considérant l'action judiciaire principalement comme « extérieure » ou comme « un ailleurs », ils s'en désolidarisent, sans doute parce que la violence qu'elle véhicule serait susceptible d'altérer leur image et peut-être aussi leurs valeurs, et risquerait d'hypothéquer leurs relations avec les jeunes, fondées sur la confiance.

D'autre part, l'État exerce une pression de plus en plus forte pour qu'ils participent activement aux actions de lutte contre l'insécurité qui se sont multipliées ces dernières années, dans le sillage de la politique de la ville. Les dispositions législatives relatives à la prévention de la délinquance[50] sont, à cet égard, très explicites : « Lorsqu'un professionnel de l'action sociale (…) constate que l'aggravation des difficultés sociales, éducatives ou matérielles d'une personne ou d'une famille appelle l'intervention de

---

[46] Ord. n°45-174 du 2 février 1945 relative à l'enfance délinquante, JORF du 04.02.1945. Lire Chauvière, M. 1980. *Enfance inadaptée : l'héritage de Vichy*. Paris : Les Éditions ouvrières.
[47] Schmidt-Kerhoas, V. 1998. *Les travailleurs sociaux et le droit pénal*. Paris : L'Harmattan.
[48] *Ibid.*, p. 55.
[49] Carbonnier, J. 1994. *Sociologie du droit*. Paris : Quadrige - Presses Universitaires de France, p.391-392. Lire également Bourdieu, P. « La force du droit. Éléments pour une sociologie du champ juridique », *Actes de la recherche en sciences sociales*, n°64, p. 3-19.
[50] Loi n°2007-297 du 5 mars 2007 relative à la prévention de la délinquance, JORF du 07.03.2007.

plusieurs professionnels, il en informe le maire de la commune de résidence et le président du Conseil général », sous le regard attentif du Conseil local ou intercommunal de sécurité et de prévention de la délinquance. Ce partenariat contribue à allonger la liste des signalements obligatoires des situations de danger, de mauvais traitements[51] ou d'absentéisme scolaire[52], ou en cas de « trouble porté au fonctionnement d'un établissement scolaire » ou de « carence de l'autorité parentale »[53], tout ceci en vue d'assurer « la performance de la sécurité intérieure »[54].

Dans ce climat paternaliste, sécurisation rime souvent avec pénalisation. De la prévention à la répression, il n'y a qu'un pas, aujourd'hui plus facilement franchi[55] à la lecture des infractions créées au nom de la tranquillité et de la sécurité publiques[56].

Ainsi, si à travers leurs discours les travailleurs sociaux veillent à externaliser la dimension pénale, en insistant sur le caractère préventif de leurs missions, le cadre politique et juridique dit le contraire en y apportant un supplément répressif grandissant.

La machine à punir

Exceptionnellement toutefois, la ligne de démarcation est franchie. Face à des « têtes dures », c'est-à-dire des jeunes, délinquants ou susceptibles de basculer dans la délinquance, les travailleurs sociaux choisissent la punition comme réponse. Cette punition, préalablement fixée dans un règlement, varie selon la gravité des actes comme, par exemple, frapper quelqu'un ou fumer dans des lieux de vie. Mais cette fonction punitive ne saurait faire passer au second plan la finalité éducative de ce système. En effet, le « service minimum » est un outil dont la finalité est de créer ou de

---

[51] CASF, art. L221-6.
[52] CASF, art. L222-4-1.
[53] *Ibid.*
[54] Loi n°2011-267 du 14 mars 2011 d'orientation et de programmation pour la performance de la sécurité intérieure, JORF du 15.03.2011.
[55] Bonelli, L., Sainati, G. 2001. *La machine à punir. Pratiques et discours sécuritaires.* Paris : l'Esprit frappeur.
[56] Loi n°2003-239 du 18 mars 2003 pour la sécurité intérieure, JORF du 19.03.2003.

recréer du lien et, à terme, d'amener progressivement le jeune à jouer son futur rôle d'adulte et de citoyen.

Il n'en demeure pas moins qu'en franchissant la ligne de démarcation, les travailleurs sociaux risquent de s'éloigner de leur mission d'accompagnement éducatif et de s'exposer à des pratiques abusives, en prévention desquelles, cependant, ils mettent en place des garde-fous. Ainsi, les punitions sont prononcées collégialement, par l'équipe éducative, soutenue par l'institution. Elles sont motivées. Par ailleurs, elles peuvent faire l'objet d'un « appel » en cas de sentiment d'injustice, et par la suite être réajustées ou révisées.

« Il y a deux ans, à la Maison d'enfants, on a mis en place un dispositif destiné à aider les jeunes, mais aussi les travailleurs sociaux à sortir des impasses, dans le cadre d'une réponse collective et non plus seulement individuelle. C'est un système de paiement des transgressions, par exemple, recopier le règlement. En cas de refus, c'est le service minimum : plus de télé, de jeux, un repas simple, sans sauce, suppression de l'argent de poche ou des sorties. C'est de leur responsabilité de sortir du service minimum (...). Au départ, on doutait de la réussite du dispositif, surtout à l'égard des enfants délinquants. En fait, ça marche très bien, même avec les 17-18 ans, des têtes dures. Ce fonctionnement permet à l'éducateur de s'appuyer sur le tiers institutionnel, au delà de sa responsabilité individuelle. C'est le corps institutionnel qui donne une sanction. Par exemple, fumer dans des lieux non autorisés, c'est deux règlements ; frapper, c'est dix règlements(...). Les enfants ont tenté de mettre en faille le système en refusant, en imputant la faute aux éducateurs. Mais, finalement, ils ont à cœur de ne pas tomber dans le service minimum. Ce qui leur permet de grandir, c'est leur responsabilité (...). Les éducateurs ne sont pas dans le : "Tu vas payer". Il y a une grille. Si la sanction est injuste, c'est repris en réunion d'équipe (...). Pour certains enfants, cela représente un moyen de créer du lien. L'un d'eux a besoin de beaucoup de repères, qu'on lui remette les pendules à l'heure. Il fait tout pour être en service minimum, pour être en lien avec l'adulte et se racheter à ses yeux. Il a besoin d'entendre dire pourquoi il a été sanctionné.

Cela l'aide à grandir (...). Payer symboliquement la transgression permet de connaître la loi institutionnelle. Il y a un cadre : une transgression = une punition. »

Cette expérience du « Service minimum » est profondément ancrée dans la conception positiviste, dominante dans notre système juridique. En quelques mots, le positivisme juridique est apparu dans le contexte de technicisation et d'industrialisation de la première moitié du 19e siècle, encouragé par le processus de désacralisation qui aboutit à la loi du 9 décembre 1905[57] concernant la séparation des Églises et de l'État[58]. Il considère le droit comme une production humaine, aux mains du législateur, qui, en régulant de manière pacifique les relations sociales, permet de garantir l'ordre public. Pour ce faire, les droits et obligations des sujets de droit sont assortis de sanctions[59] préalablement portées à la connaissance de ces derniers, dont la menace est censée promouvoir le respect des règles.

Ici, le système de sanctions appelé « Service minimum » s'apparente à une sorte de code pénal « fait maison », représentatif du droit vulgaire, c'est-à-dire « une sorte de droit inférieur, en combinant avec des usages autonomes des éléments empruntés à l'ordre juridique d'État »[60], mêlant pratiques socio-éducatives et loi pénale.

Conformément au principe de la légalité des délits et des peines[61], les jeunes, informés des interdits préalablement établis,

---

[57] JORF du 11.12.1905.

[58] Selon la loi, tout en assurant la liberté de conscience et d'exercice des cultes, « la République ne reconnaît, ne salarie, ni ne subventionne aucun culte ».

[59] « Il ne saurait exister d'obligation sans sanction. Aussi a-t-on pu définir le droit comme un système de sanctions (…). Pour être juridiques, les sanctions doivent avoir leur effet sur le plan terrestre et social, modifier la condition des personnes ou leur patrimoine », Lévy-Bruhl, H. 1990. *Sociologie du droit*. Paris : Presses Universitaires de France, p. 23.

[60] Carbonnier, J. 1994. *Op. cit.*, p. 371.

[61] Ce principe figure à l'article L111-3 du code pénal selon lequel « Nul ne peut être puni pour un crime ou pour un délit dont les éléments ne sont pas définis par la loi, ou pour une contravention dont les éléments ne sont pas définis par le règlement. Nul ne peut être puni d'une peine qui n'est pas

connaissent les sanctions encourues en cas de transgression. Le fait que les jeunes semblent l'avoir compris et, finalement, accepté[62] montre le bon fonctionnement du système de contrainte spécifique au droit qui « fait entrer les sujets de la règle dans le jeu de la contrainte qui leur était destinée : ce qui fait la règle de droit, c'est la chance, la probabilité qu'elle a d'orienter le comportement effectif de ses destinataires »[63]. Or, c'est bien la loi pénale, avec sa violence et ses « deux bras : un interdit et une menace, l'incrimination et la pénalité »[64] qui incarne au plus haut degré cette théorie de la contrainte. Mais au-delà de la sanction qu'elle inflige, elle peut générer de la souffrance, de l'humiliation et de la honte.

SENS ET FINALITÉS DES CADRES

La question que les travailleurs sociaux se posent et à laquelle ils tentent de répondre est celle-ci : pourquoi les enfants, les jeunes ont-ils besoin de cadres ? Parce que, selon eux, ils leur apportent sécurité, sociabilité et responsabilité.

Une visée sécurisante

Tous les cadres ne sont pas, d'emblée, considérés comme sécurisants. Est considéré comme tel, le cadre éducatif tel qu'il est posé par les travailleurs sociaux. Ce cadre sert à structurer, à protéger, à rassurer, de manière à favoriser l'apaisement et l'épanouissement de l'enfant ou du jeune et ce, malgré la séparation du milieu familial. Cela apparaît comme le fondement de

---

prévue par la loi, si l'infraction est un crime ou un délit, ou par le règlement, si l'infraction est une contravention ».

[62] Les jeunes Français sont nombreux à « reconnaitre la légitimité de la sanction en ce que, pour eux, elle sanctionne une erreur ou une faute. Cette faute se précise d'ailleurs avec l'âge dans le non-respect d'une règle ou d'une interdiction et plus précisément dans la commission d'une infraction, suivie d'une sanction pénale administrée par les autorités compétences », Kourilsky-Augeven, C., Zdravomyslova, O., Arutjunjan, M. 1994. « Modèle français et modèle russe de socialisation juridique : la construction des attitudes à l'égard du Droit avant l'âge adulte ». *Revue d'études comparatives Est-Ouest*, n°3, p. 90.

[63] Carbonnier, J. 1994. *Op. cit.*, p. 329.

[64] *Ibid.*, p. 398.

l'accompagnement éducatif. En ce sens, la sécurité est la finalité première du cadre.

« Avoir le cadre c'est sécurisant. Quand on transgresse, on sait à quoi s'en tenir. »

« La maman, qui élève seule ses enfants, rencontre des difficultés et se trouve dans l'incapacité de leur donner un cadre repérant et sécurisant (...). Une audience a été programmée, au cours de laquelle le juge des enfants a ordonné le placement des enfants pour les séparer de leur milieu familial afin qu'ils puissent bénéficier d'un cadre éducatif sécurisant et structurant (...). Le côté "sans limite" est angoissant (...).Quelque part, le cadre rassure (...). Ils avaient besoin d'un cadre. C'est sécurisant. »

« Le cadre apaise (...).Le cadre est sécurisant. »

« Et la sécurité de l'enfant ? On n'en parle pas: protéger, c'est sécuriser l'enfant par des limites. »

« Pour grandir harmonieusement, l'enfant a besoin d'un cadre structurant et d'être confronté à la frustration. Lui et sa mère le reconnaissent d'ailleurs aujourd'hui. Le travail d'AEMO s'oriente essentiellement dans ce sens. »

Dans leurs discours, les travailleurs sociaux mettent régulièrement en avant leur obligation de sécurité vis-à-vis des jeunes. Ce n'est pas surprenant au regard des dispositions juridiques relatives à la protection de l'enfance qui les mettent expressément en position de garants de la sécurité[65] des mineurs[66]. Mais ce n'est peut-être pas la seule raison. La montée en puissance des exigences de protection et du sentiment d'insécurité dans notre société y est sans

---

[65] Ainsi que leur santé, leur moralité, leur éducation et leur développement physique, affectif, intellectuel et social.
[66] CASF, art. L221-1.

doute aussi pour quelque chose. Car aujourd'hui, « être protégé, c'est aussi être menacé »[67].

Ainsi, il semblerait que, plus les individus sont protégés, plus ils se sentent en danger, et plus ils réclament de protections, jusqu'à la « tolérance zéro » vis-à-vis des menaces à leur sécurité. En témoignent l'apparition et le développement récents de la notion de vulnérabilité, destinée à renforcer la protection des personnes les plus exposées aux agressions, c'est-à-dire les personnes âgées, malades, infirmes, déficientes physiques ou psychiques, les femmes enceintes et les mineurs, pour reprendre la typologie de la loi pénale. L'impératif de surprotection des enfants, du fait de leur vulnérabilité[68], alourdit la charge de protection et de responsabilité des parents aussi bien que des travailleurs sociaux en cas de placement ou de suivi éducatif. D'où surgit une « socialisation de la politique familiale »[69], liée à l'autonomie grandissante des personnes, qui engage la responsabilisation individuelle et privée de ces dernières au fur et à mesure que décroit l'engagement politique de l'État.

On s'en doute, cette surprotection a un prix : celui de la liberté. C'est là que réside précisément « le paradoxe de la société moderne, [prise] entre la demande infinie de protection (…) et les exigences de respect de la liberté et de l'autonomie des individus »[70], dont le risque est d'affaiblir l'État de droit[71] au bénéfice de l'État sécuritaire puis de l'État pénal[72].

---

[67] Castel. R. 2003. *L'insécurité sociale. Qu'est-ce qu'être protégé ?* Paris : Éditions du Seuil et La République des Idées, p. 7.
[68] Neirinck, C. 2007. *Op. cit.*
[69] Commaille, J. 2001. *Op. cit.*
[70] Castel. R. 2003. *Op. cit.*, p. 23.
[71] Qui « ne peut que décevoir cette quête de protection totale, car la sécurité totale n'est pas compatible avec le respect absolu des formes légales », *Ibid.*, p. 22.
[72] Wacquant, L. 2001. « Une voie européenne vers l'Etat pénal ? », p. 145-160, dans Bonelli, L., Sainaiti, G. Op, cit.

Une visée socialisante

Dans un deuxième temps, le cadre a vocation à socialiser les enfants et les jeunes. Encore une fois, il ne s'agit pas de tous les cadres, mais essentiellement du cadre incarné par la Loi sociale. Celle-ci renvoie aux règles communément admises par la collectivité, qui sous-tendent le « bien vivre ensemble », où le respect mutuel apparaît comme une valeur-clé dont découle la reconnaissance sociale. L'éducateur se situe comme le représentant et le garant de la Loi sociale dont le règlement intérieur de l'établissement est le prolongement institutionnel. La socialisation est perçue comme une construction interrelationnelle, destinée à favoriser l'autonomie à travers la capacité à se projeter en tant qu'acteur social, et à fonder son propre jugement sur le monde.

Dans les discours des travailleurs sociaux, la socialisation est associée à la frustration qui joue le rôle de moteur. La frustration est envisagée, ici, comme une retenue ou une limitation indispensable à l'autonomisation de la personne. De cette manière, l'enfant peut se construire, en tant que sujet pensant et agissant, dans et par le monde commun, un monde d'Humains. Cette frustration, encouragée dans l'accompagnement éducatif, trouve cependant une limite : la rupture du lien avec l'enfant ou le jeune.

« *Les interdits sont des frustrations qui font grandir. Le règlement de l'établissement reprend les règles de la société.* »

« *La frustration est la rencontre inévitable de l'enfant avec la loi sociale qui est indispensable à la socialisation. En tant qu'éducateur, on a à faire respecter les lois, les règles de collectivité. Pour être entendu, il faut être respecté (...). Respectable (...). Le respect est source de crédibilité(...). Au tribunal, un jeune de 16 ans a dit au juge : "non, je ne suis pas prêt à repartir chez moi où il n'y a pas de cadre ; j'ai envie d'un projet, d'un avenir". Ça va l'aider à avoir son propre jugement, à se socialiser.* »

« *Avant d'accepter les contraintes, l'enfant doit comprendre qu'on est là pour l'accompagner dans la frustration.* »

> « *Il est indéniable de constater que, depuis son arrivée dans l'établissement, où on lui a imposé un cadre de vie avec des règles d'éducation, le jeune a évolué positivement et se reconstruit un peu plus chaque jour. Il communique plus facilement, en sachant qu'il a encore des efforts à faire. Son projet professionnel se dessine, il a su exprimer son désir.* »

> « *Depuis le début, on dit que la frustration a des effets positifs. À un moment donné, il doit y avoir une limite : ne pas aller jusqu'à la rupture avec le jeune.* »

Selon Chantal Kourilsky-Augeven, la socialisation juridique, est un « processus d'appropriation, d'assimilation progressive et de réorganisation par le sujet, dans son propre univers de représentations et de savoirs, des éléments du droit qui régit la société »[73]. Ce processus se déroulerait, d'après elle, essentiellement dans l'enfance et à l'adolescence, période pendant laquelle l'enfant ou le jeune construirait pour l'avenir ses manières de penser et d'agir le droit ou la Loi. Dès lors, la famille est amenée un rôle-clé en tant que terreau d'apprentissage et d'expression des pratiques socio-juridiques, fertile pour la juridisation de l'enfant puis de l'adolescent, entendue comme « le passage de l'*infans* au mineur capable de discernement, puis à l'*homo* pleinement *juridicus* »[74].

Mais, ne se contentant pas de reproduire les normes juridiques qui leur sont imposées par le monde des adultes (la famille, l'école, la rue…), en s'y conformant ou en y désobéissant, les enfants et les adolescents produiraient également de manière spontanée un « droit enfantin »[75], à la fois en imitant les grandes

---

[73] Kourilsky-Augeven, C. 1996. *Socialisation juridique et conscience du droit.* Paris : LGDJ, p. 17. Lire également Kourilsky-Augeven, C. 2003. "Socialisation juridique", p. 1415-1418, dans Alland, D., Rials, S. *Op. cit.*
[74] Carbonnier, J. 1994. *Op. cit.*, p. 374. Lire également, Supiot, A. 2005. *Homo juridicus. Essai sur la fonction anthropologique du droit.* Paris : Éditions du Seuil.
[75] Carbonnier, J. 1994. *Op. cit.*, p. 369-370.

personnes, les parents, dans leurs jeux juridiques, et en créant des règles applicables à leurs propres jeux, par exemple le jeu de billes[76].

Manifestement, les travailleurs sociaux participent, consciemment ou inconsciemment, à la socialisation juridique des enfants et des jeunes qu'ils prennent en charge mais en tant que détenteurs de l'autorité (de dire la Loi), en privilégiant le registre du « droit imposé », lisible à travers l'utilisation de certains mots comme « frustration », « interdit », « refus », « contraintes ». Ainsi, cette socialisation juridique à sens unique contribue plus à légitimer les travailleurs sociaux dans leur fonction de normalisation, qu'à la reconnaissance et à la valorisation des enfants comme apprentis-sujets de droit, capables d'« articuler leur compréhension d'eux-mêmes en tant que sujets de droit et celle du monde social comme juridiquement constitué »[77].

Or, selon les résultats d'une enquête menée à la fin des années 80 auprès d'une cinquantaine d'élèves américains, le plus souvent, les adolescents prennent la place d'objet[78], ce qui, par ailleurs, n'est pas dénué de sens, ni d'intérêt. En effet, ont-ils objectivement intérêt à se comporter comme des sujets de droit et à être considérés comme tels dans la société ?

Une visée responsabilisante

La responsabilité est envisagée comme quelque chose qui se partage entre l'enfant ou le jeune, sa famille, en l'occurrence ses parents, et l'institution d'accueil ou de prise en charge que le travailleur social représente.

---

[76] « Piaget a montré, en opérant sur les règles du jeu de billes, que l'enfant, à ses différents âges, ne percevait pas de façon identique le caractère obligatoire de la règle ; que parti, vers sept ou huit ans, de la conviction qu'il y avait là un décret arbitraire des plus grands, il en arrivait, après dix ans, à y voir une libre convention entre joueurs : le sentiment qu'une société adulte a du caractère obligatoire de ses coutumes (opinio necessitatis) pourrait bien passer par les mêmes phases d'évolution », *Ibid.*, p. 370.
[77] Silbey, S.S. 1991. « Un jeu d'enfants : une analyse culturelle de la conscience juridique des adolescents américains ». *Droit et Société*, n°19, p. 243-257.
[78] *Ibid.*

La responsabilité du jeune

Tout d'abord, le cadre, qui est celui que l'enfant ou le jeune devrait s'imposer à lui-même, une forme incorporée de « cadre à soi », personnel, a une troisième visée : la responsabilité. Il semblerait que dans le processus de responsabilisation, la violence soit une courroie de transmission. Il s'agit d'apprivoiser cette violence pour la convertir ensuite en modes de résolution des problèmes auxquels l'enfant ou le jeune est confronté. En tant que sujet, celui-ci est censé trouver en lui-même, par le biais de la responsabilisation, les ressources nécessaires à une posture de retrait, de dialogue et d'évolution au sein de son environnement. Il est considéré comme l'artisan de son destin.

« Avec cette jeune, on est dans une contradiction : elle ne veut pas être en institution et, en même temps, elle ne veut pas la quitter : "Vous n'avez qu'à me virer". C'est toujours la faute de l'autre. Elle ne se remet pas en question et rejette toute responsabilité (...). Elle peut être très violente et même destructrice, avec l'échec au bout. Elle ne trouve pas son cadre. Elle ne s'est jamais retrouvée face à ses responsabilités puisqu'à chaque fois, ce sont les parents qui ont décidé pour elle. »

« Au quotidien, c'est une adolescente qui a besoin d'échanger régulièrement avec l'adulte. Elle est intéressante : elle se responsabilise, sait faire preuve d'honnêteté, notamment en reconnaissant ses erreurs et en sachant proposer des solutions pour les réparer. Elle a parfois encore des réactions un peu vives, des propos un peu rudes, mais sait désormais prendre du recul et en rediscuter. »

« Si on n'explique pas un refus, l'enfant va demander : "pourquoi tu dis non ?" (...). Il s'agit de mettre l'enfant en situation de responsabilité en lui renvoyant la question : "À ton avis, pourquoi je te dis non ?" (...). Les jeunes doivent comprendre leur environnement, les représentations des acteurs et leurs interactions. Leur expliquer, c'est les adapter à la société, à ce qu'on attend d'eux. »

En intériorisant le cadre sociétal légitimé par la Loi, en objectivant la relation à soi et à l'autre et en la pacifiant, le jeune est censé devenir responsable de lui-même. Cette conception de la responsabilité est étroitement liée, selon nous, à la notion d'individualité entendue comme « la liberté, la responsabilité de soi qui reviennent à l'homme dans un environnement large et animé »[79]. Être responsable, c'est avant tout être libre. Selon Georg Simmel, née de la dépersonnalisation des relations socio-économiques qui les vide de leur force de domination et de dépendance, et de l'attribution de libertés individuelles, l'individualité est censée favoriser la responsabilité envers soi mais également envers les autres[80]. Or la dimension de réciprocité ou d'inter-reconnaissance propre à l'individualité pourrait être menacée et, en disparaissant être à la racine d'une « société du mépris »[81], où les « sujets ont « appris » en tant qu' « entrepreneurs d'eux-mêmes », à « assumer la responsabilité de leur destin »[82]. Cette responsabilité de soi face à soi plonge inéluctablement l'être humain dans le désespoir[83], ce dernier ne pouvant raisonnablement penser et agir sa responsabilité que dans le rapport aux autres. Aussi aboutirait-on de manière assez paradoxale à l'impossibilité d'être responsable.

---

[79] Simmel, G. 1999. *Sociologie. Études sur les formes de socialisation.* Paris : Presses Universitaires de France, p. 702.

[80] « Si l'évolution de l'individualité, la conviction d'épanouir avec tout notre vouloir et notre sentir particuliers, notre moi intrinsèque, doit passer pour liberté, celle-ci n'entre pas dans cette catégorie en tant que pure absence de relations, mais justement comme type de relations aux autres tout à fait déterminé. Il faut bien d'abord que ces autres existent et soient ressentis par nous pour pouvoir nous devenir indifférents. La liberté individuelle n'est pas la pure disposition interne d'un sujet isolé, mais un phénomène de corrélation, qui perd son sens s'il n'y a pas de partenaire », Simmel, G. 1987. *Philosophie de l'argent.* Paris : Presses Universitaires de France, p. 366.

[81] Honneth, A. 2006. *La société du mépris. Vers une nouvelle Théorie critique.* Paris : La Découverte.

[82] *Ibid.*, p. 286.

[83] Ehrenberg, A. 1999. *La fatigue d'être soi. Dépression et société.* Paris : Odile Jacob.

La responsabilité du parent

Ensuite, les travailleurs sociaux s'appuient sur le cadre éducatif pour engager une démarche de responsabilisation des parents, de la mère le plus souvent, en tant que détenteurs de l'autorité parentale. Cette démarche s'inscrit dans un processus de conscientisation. Elle trouve sa légitimité dans l'intérêt de l'enfant. C'est à la condition que les parents se montrent responsables, que l'enfant pourra, à son tour, le devenir en créant, à partir du modèle familial, son propre cadre. Dès que l'on s'écarte de ce modèle de responsabilité parentale, l'enfant risque d'être en proie à la culpabilité et, en conséquence, de se trouver en difficulté pour édifier les fondations de sa propre responsabilité.

« *Il faut se centrer davantage sur l'enfant et moins sur la situation familiale qui se situe à un autre niveau (...). Mais la maman est présente au quotidien (...). Alors, Il faudrait qu'elle agisse en tant que mère, responsable de sa fille.* »

« *Quel est le genre de la mère...permissif? (...). C'est une mère poule qui couve, qui excuse, qui rejette la responsabilité sur les autres et jamais sur son fils (...). Au départ, elle était débordée par les problèmes de scolarité de son fils. Finalement, on a proposé à la mère un placement. Au départ, elle était d'accord, puis, elle s'est rétractée et, maintenant, elle s'oppose au placement.* »

« *En juillet, le jeune partira au centre aéré : "ta mère, tu vas la mettre dans ton sac pour qu'elle te lave les cheveux ?". On voulait qu'il puisse partir en colonie de vacances pendant 15 jours (...). Pourquoi ? (...). Pour casser la fusion (...). Comment la maman va-t-elle réagir pendant ce temps ? (...). L'enfant risque de se sentir coupable (...). D'où le travail de l'AEMO pour responsabiliser la mère dans l'intérêt de son fils qui a besoin de grandir.* »

« *Comment travailler avec des parents pour leur faire prendre conscience de la nécessité de poser un cadre, de dire "non", et sous quelles formes ? Ce n'est pas évident.* »

À y regarder de plus près, ces discours sur la conscientisation masquent ce qui pourrait être considéré comme une injonction à la responsabilité, à coups répétés de « il faut que ». Or, plus la personne se montre incapable de l'assumer, plus le caractère impératif de cette responsabilité se durcit et inversement, ce qui la met dans une situation définitivement impossible[84]. Il n'en demeure pas moins, en ce qui concerne les parents, que stages, contrats et accompagnements parentaux fleurissent aux fins de « reparentaliser »[85] les plus défaillants d'entre eux, la sanction devenant le moteur de la responsabilité[86]. La sanction, récurrente dans les discours des travailleurs sociaux, n'est pas simplement synonyme de punition. Elle peut également avoir un caractère rétributif sous forme de récompense « car refuser, même silencieusement une récompense à qui croit l'avoir méritée, c'est indirectement le contraindre »[87]. Or, cela est particulièrement vrai pour les parents qui, s'ils dévient de la norme de parentalité, peuvent se voir retirer tout ou partie de leurs avantages sociaux[88].

Cela participe de la structuration et de l'institutionnalisation d'un travail socio-éducatif autour de la question spécifique de la parentalité, comme l'illustre, par exemple, la création en 1999[89] des Réseaux d'Écoute, d'Appui et d'Accompagnement des Parents (REAAP). À l'appui d'une charte autour de laquelle se fédèrent des

---

[84] « Lorsque la responsabilité est encouragée sans la prise en considération des conditions, elle se transforme en un « impératif » aux allures paradoxales, justement lorsqu'il est avéré que, pris dans les conditions d'une société de plus en plus complexe, les sujets ne peuvent plus, dans mains aspects de leur existence, assumer des responsabilités au sens plein du terme », Honneth, A. 2006. *Op. cit.*, p. 295.
[85] Neirinck, C. 2007. *Op. cit.*, p. 13
[86] Collet-Askri. 2003. « Responsabiliser par la sanction ». *Revue de Droit Sanitaire et Social*, n°, p. 140 et s.
[87] Carbonnier, J. 1994. *Op. cit.*, p. 330.
[88] « C'est un fait que, sous un régime d'État-providence, l'individu et sa famille ne peuvent subsister que par des avantages sociaux (Sécurité sociale, prestations familiales, indemnité de chômage, RMI). En subordonnant l'octroi de ces avantages (de ces acquis sociaux devenus droit commun) à une stricte observation de la règle, le pouvoir obtient l'obéissance sans avoir à employer la force. La récompense contraint parce que la privation de récompense fait mal. La puissance paternelle a les deux visages », *Ibid*.
[89] Circulaire DIF/DAS/DIV/DPM n° 99-153 du 9 mars 1999 relative aux réseaux d'écoute, d'appui et d'accompagnement des parents.

initiatives pour l'écoute, l'appui et l'accompagnement des parents, l'objectif est de « mettre à la disposition [des parents] des services et des moyens leur permettant d'assumer pleinement, et en premier lieu, leur rôle éducatif ». Pour ce faire, un des principes d'action est de « valoriser prioritairement les rôles et compétences des parents : responsabilité et autorité, confiance en soi, transmission de l'histoire familiale, élaboration de repères, protection et développement de l'enfant ».

La responsabilité de l'institution

L'institution elle-même n'échappe pas à la responsabilisation. Celle-ci s'enracine dans le cadre juridique, légal, en particulier dans la loi du 2 janvier 2002 rénovant l'action sociale et médico-sociale[90]. Cette loi a, en effet, introduit un volet sur les droits des usagers qui se sont traduits, par l'effet de la réciprocité, pour les travailleurs sociaux et leurs institutions, en autant d'obligations. Désormais, les travailleurs sociaux estiment avoir à rendre des comptes auprès des familles, sans que cela soit, selon eux, toujours justifié.

« Savoir dire "non" est parfois plus aidant, même si on a peur de faire mal aux jeunes : "est-ce que je ne vais pas en rajouter ?" (...). L'équipe éducative a souvent le nez dans le guidon. La responsabilité de tiers médiateur de l'institution lui permet de prendre du recul (...). Surtout dans un contexte où l'enfant ne se voit pas souvent dire "non". Avant, on disait "non". Aujourd'hui, on doit expliquer un acte éducatif à l'enfant, et même aux collègues. Depuis la loi 2002-2, on doit justifier nos actes auprès des parents. »

En 2002[91], à la suite de rapports publics dénonçant certaines pratiques socio-éducatives abusives en particulier auprès des personnes déficientes intellectuelles, le législateur a jugé indispensable de reconnaître spécifiquement aux usagers du secteur

---

[90] JORF du 03.10.2002.
[91] Loi n°2002-2 du 2 janvier 2002 rénovant l'action sociale et médico-sociale, JORF du 03.01.2002.

social et médico-social une série de droits et de libertés, et d'en garantir l'exercice. C'est ainsi que, depuis quelques années, une déontologie ou « science des devoirs professionnels »[92] dans le champ du travail social[93] a pu se forger autour des « Droits des usagers ». Désormais, toute personne prise en charge par des établissements et services sociaux et médico-sociaux a droit au respect de sa dignité, de son intégrité, de sa vie privée, de son intimité et de sa sécurité.

Elle a également le droit de choisir librement les prestations, de bénéficier d'un accompagnement individualisé de qualité, d'accéder aux documents personnels protégés par la confidentialité, d'être informée sur ses droits fondamentaux, les protections dont elle bénéficie et les voies de recours, et enfin, de participer à la conception et à la mise en œuvre de son projet d'accueil et d'accompagnement [94]. Cette déontologie est, semble-t-il, vécue par les travailleurs sociaux comme une restriction à leur liberté, par le fait de devoir se justifier ou rendre des comptes auprès des enfants, des familles mais aussi des professionnels. En tant que « responsabilité de l'opérateur face à ses usagers »[95], elle est intégrée exclusivement dans sa dimension contraignante, obligatoire.

Mais la Loi ou le cadre légal, peut aussi, et *a contrario*, servir de point d'appui pour légitimer une forme de déresponsabilisation des institutions et des travailleurs sociaux. La Loi s'imposant d'elle-même, ceux-ci, lorsqu'ils y font référence dans leurs pratiques éducatives, estiment ne pas avoir à apporter une quelconque justification, y compris en cas de sanction.

> *« La sanction doit être éducative (...). Parfois, on passe beaucoup de temps à trouver la sanction pour chaque adolescent. On est bien embarrassé... N'empêche que la sanction est importante, c'est notre réponse en tant qu'adulte responsable (...). Oui, pour certains actes (...). Le rappel à la loi, au*

---

[92] Beigner, B. 2003. « Déontologie », p.361-363, dans Alland, D., Rials, S. *Op. cit.*
[93] Haudiquet, A. 2009. « Les travailleurs sociaux : entre éthique du droit et déontologie ». *Revue Contradictions*, n°127-128, p. 89-102.
[94] CASF, art. L311-3.
[95] Misrahi, R. 1997. *Qu'est-ce que l'éthique ?* Paris : Armand Colin, p. 186.

règlement, c'est la facilité, c'est quand même un moyen pour l'éducateur de se dédouaner. »

« *Quand je constate une transgression à la loi, je renvoie à la justice. Si la réaction de l'institution, c'est : "ça va se traiter ailleurs", alors on n'a plus rien à faire, et c'est dommageable.* »

Dans le cas présent, le point de vue des travailleurs sociaux entre dans la conception positiviste de la Loi[96] selon laquelle, parce qu'elle existe, existence dont elle tire sa légitimité, la Loi doit être respectée ou appliquée sous peine de sanction, sans pouvoir être remise en question. Le caractère objectif [97] et autonome de la Loi favorise une dépersonnalisation du rapport à autrui et, consécutivement, le sentiment de ne pas être responsable de ce qu'elle dit et de ce qu'elle suppose comme discours et comme comportements vis-à-vis des autres.

PROCESSUS D'INTÉGRATION DES CADRES : DE LA VIOLENCE À L'INTÉGRATION

Vivre dans des cadres ne va pas de soi. C'est le fruit d'une co-construction sociale qui demande du temps. À travers les propos des travailleurs sociaux, trois étapes successives ont été repérées : la violence, la résignation et l'intégration.

La violence

Au début, les enfants ou les jeunes rejettent les cadres, ne supportant pas la frustration que ceux-ci induisent. Ils bravent les interdits, refusent toute autorité, mettent le cadre à l'épreuve en explosant, en injuriant, en se vengeant, en provoquant ou même, en fuguant. Les travailleurs sociaux qualifient de réactionnels les comportements qui s'expriment à travers des actes de rébellion. Plus

---

[96] Les jeunes Français considèrent la Loi « comme une simple règle générale de conduite » (…) qu'ils se sentent tenus de suivre ou de respecter, Kourilsky-Augeven, C., Zdravomyslova, O., Arutjunjan, M. 1994. *Op. cit.*, p. 57-58.
[97] « Qui existe en soi, indépendamment de la psychologie et de la volonté des personnes », Cornu, G. 2004. Op. cit ., p. 613.

le seuil de tolérance à la frustration est bas, plus la réaction est vive. Pour autant, les travailleurs sociaux ne portent pas de jugement négatif sur cette forme de violence qui est reconnue, comprise et assumée dans le cadre de l'accompagnement éducatif.

« *Qu'est-ce qui fait qu'il reste là, dans l'établissement ? Après tout, il était l'enfant-roi chez lui. Aujourd'hui, le cadre doit lui paraître sévère (...). Sévère ? Marqué, plutôt.* »

« *Avant, le jeune faisait ce qu'il voulait. Dès qu'il est arrivé dans l'établissement, on lui a imposé un cadre. Il a réagi tout de suite, avec une fugue au bout de 48 heures. Au bout de deux jours, il demandait des sous, du Lacoste... Maintenant, il comprend les choses quand on dit "non". Il a du mal, mais il revient. Il ne claque même plus les portes (...). Tout était réactions à la frustration. Dans le bureau des éducateurs, alors qu'on discutait, il est entré. On lui a dit : "Tu frappes avant d'entrer.", et c'était parti ! Il voulait du Nutella : "non". Il finissait par criser, alors je le mettais dehors. Il lui manquait 20 centimes pour acheter un paquet de clopes : "non", il m'a répondu : "Salopard, t'es un rat" et il est parti comme une balle. Le lendemain : "Bonjour, excuse-moi pour hier."*

« *C'est un enfant réactionnel, la moindre frustration entraînera une réaction vive. Celle-ci se fera en fonction du cadre, si celui-ci est léger, cet enfant sera explosif et réactionnel, si celui-ci est plus solide, il utilisera toutes les formes de provocation passive qu'il connaît : excès de lenteur, s'urine dessus, se venge sur les affaires des autres, met ses selles dans les radiateurs, etc...). Son seuil de frustration semble très bas. Il est souvent dans le déni de ses difficultés (...). Les plus grandes difficultés rencontrées avec lui se situent dans le cadre scolaire.* »

« *Régulièrement, son amie vient sonner à la porte après 22h, pour la voir. La jeune ne comprend pas que cela ne lui soit pas permis. Elle n'accepte pas qu'on lui dise "non", et ne comprend pas que l'on ne puisse pas toujours accéder à ses demandes. Elle semble refuser le collectif et ses contraintes.* »

« *Cette jeune met le cadre à l'épreuve. Elle déclenche les alarmes plusieurs fois dans la journée et également la nuit. Elle ne respecte ni les lieux, ni les personnes. Elle se suspend aux fenêtres à dix mètres du sol, dégrade le véhicule personnel d'un chef de service qui, lui aussi, porte plainte contre d'adolescente. Elle vante ses comportements marginaux et retourne sa chambre quotidiennement (...). C'est une jeune fragile, tourmentée, intelligente, parfois avenante et réfléchie mais aussi opposante à toute autorité.* »

Sans oublier que certains parents réagissent également aux cadres, en les contestant, voire même en s'y opposant. Parfois, ils n'acceptent pas d'autres cadres que le leur pour éduquer leur enfant.

« *Dernièrement, ce jeune a été sanctionné par son instituteur pour avoir chahuté en classe. Madame n'a pas supporté que son fils ait pu être mis en cause et a contesté, devant Jordan, le bien-fondé de ce cadre posé (...). Elle n'accepte pas qu'une personne extérieure pose du cadre.* »

La résignation

Progressivement, après une période de résistance où ils semblent « tester » l'autorité, les enfants ou les jeunes finissent quand même par supporter les contraintes, se plier aux règles, et respecter les cadres posés par l'institution ou la Loi. Les travailleurs sociaux estiment que cette phase de résignation fait partie du processus normal d'intégration des cadres.

« *Pendant les vacances de Pâques, nous lui proposons de participer au stage "Communication et confiance en soi", avant de réintégrer notre établissement. Le stage ne se passe pas très bien. La jeune est dans la toute-puissance. En compagnie d'une autre jeune, elle met en échec le stage et joue la provocation en refusant toute autorité de l'adulte. Rejetée par le reste du groupe, elle reviendra, en larmes, demander à être réintégrée au stage le dernier jour.* »

« Face à ce test perpétuel, l'équipe s'est mobilisée pour faire preuve d'une cohérence et d'une rigueur sans faille. Les motifs et les occasions de frustrer la jeune n'ont pas manqué. Il s'agissait dans la majorité des situations, de lui démontrer la valeur de son engagement et la cohérence du cadre posé autour d'elle (...). Progressivement, cette cohérence du cadre qui lui a été imposé, a rendu possible une évolution positive. Même si elle est régulièrement dans le passage à l'acte et la provocation, elle a fini par trouver dans ce groupe un point d'ancrage qui la rend plus accessible. (...). La permanence du lien, les réponses systématiques et plurielles mais toujours concertées face aux actes posés ont déstabilisé son fonctionnement (...). Durant ces derniers mois, elle a connu des périodes d'accalmie qui lui ont permis de se projeter. Les périodes tourmentées n'ont pas, pour autant, totalement disparu. Elle "tient" sous la pression des échéances (audiences, concertations) et sous le coup de la menace d'un jugement au pénal si elle n'effectue pas sa mesure de réparation. »

L'intégration

La positivité ou encore l'épanouissement de l'enfant ou du jeune clôt le processus d'intégration des cadres, en tant que visée. Après avoir réagi violemment, puis s'être résigné, celui-ci accède à l'apaisement et au bien-être. Les travailleurs sociaux développent une conception idéaliste des cadres qui, en définitive, ne présenteraient que des aspects positifs, comme en témoigne leur langage teinté d'onirisme. Le côté obscur des cadres est, apparemment, ignoré. Peut-être est-ce une façon pour les travailleurs sociaux de se valoriser, de valoriser l'accompagnement éducatif et de valoriser l'enfant ou le jeune.

« Les jeunes ont besoin de repères. Un jeune, venant d'une institution où il était leader, a voulu tester le groupe en arrivant chez nous, et s'est fait bousculer. En concertation, il a dit : "Je suis bien parce qu'on me met des limites". »

« *Globalement, il n'y a plus de grosses crises chez ce jeune. Celui-ci se montre plus virulent face à une femme (...). Il est quand même passé à l'acte avec sa sœur. Son père était violent et son image de la femme fort abîmée. Ici, il trouve un cadre qu'il n'a jamais eu, c'est donc positif. Maintenant, comment travailler cela ? Inconsciemment, le jeune avait besoin d'un cadre. C'est sécurisant. Ici, dans l'établissement, il a rencontré des gens qui discutent avec lui et s'occupent de lui (...). Maintenant, il a sa place (...). J'ai parlé un peu plus avec lui : "chapeau ! Sacré bout de chemin !". Il m'a regardé avec un sourire, heureux.* »

« *Il faut savoir attendre. On est dans une période où le jeune se pose, une phase de latence, de flottement, de recherche. Quand le jeune mûrit, on cadre un peu plus : ANPE, etc. On ne met pas d'échéances, on prend le temps. Avec un jeune, pendant un an, on n'a rien fait. Et puis, maintenant, il est en stage et retourne chez lui. Socialement, il a franchi une étape.* »

« *La liberté peut entraîner l'anarchie. Dès lors, comment utiliser toutes les règles qui vont être imposées aux jeunes tout au long de leur vie ? (...) Comment construire, autour de ce mot "liberté", la capacité à s'exprimer, à parler de son ressenti ? (...). Le verbe "construire" est essentiel pour prendre confiance en soi et s'émerveiller (...). Mais beaucoup n'ont pas confiance en l'adulte qui représente souvent un frein.* »

D'un certain point de vue, ces trois états, la violence, la résignation et l'intégration retracent le processus d'appropriation de la Loi qui régit la société. Ils laissent entrevoir des représentations juridiques qui, chez les jeunes plus que chez les adultes, marquent pour longtemps et profondément les opinions et comportements. On le voit, les jeunes ne restent pas neutres vis-à-vis des règles qui leur sont imposées ou qu'ils s'imposent à eux-mêmes. Au contraire, la diversité et la variabilité de leurs réactions montrent, ce qu'avaient déjà noté des sociologues à propos de jeunes Russes ou Français[98],

---

[98] Kourilsky-Augeven, C., Zdravomyslova, O., Arutjunjan, M. 1994. *Op. cit.*, p. 37-131.

« une appropriation active (…) de normes, de valeurs et de modèles de comportement (savoir-dire, savoir-faire, savoir-penser dans les différentes situations de la vie quotidienne) »[99]. Autrement dit, « le sujet, certes, assimile les messages transmis afin de faciliter son acceptation par le groupe mais il les réinterprète et les adapte à ses propres demandes qu'il s'emploie activement à faire admettre »[100]. Il arrive quelquefois, comme c'est le cas pour les jeunes placés en institution sociale, notamment lorsque la famille n'a pas ou mal joué son rôle de transmetteur des règles de conduite, que cette assimilation rencontre des oppositions, des résistances et prenne du temps pour se réaliser. Or, c'est au terme de ce processus d' « acculturation juridique »[101] que le jeune pourra développer une culture juridique qui lui est propre, lui permettant de se positionner comme un acteur juridique à venir, à la fois singulier et membre d'un tout sociétal.

En guise de conclusion, tout en prenant en compte la complexité liée à la pluralité des cadres, à la variété de leurs articulations et à leur évolutivité, il convient maintenant de se pencher sur les conceptions et les pratiques d'accompagnement développées par les travailleurs sociaux à l'intérieur de ces cadres.

Comment se saisissent-ils de ces cadres pour co-construire des accompagnements singuliers ? Comment appréhendent-ils la question des limites et des contraintes dans un contexte, force est de le constater, de plus en plus prescrit mais aussi de plus en plus mouvant.

---

[99] *Ibid.*, p. 40.
[100] *Ibid.*
[101] « L'acculturation juridique des sujets (…) produit une réception, une acquisition par eux des savoirs communs à la culture juridique dominant leur société. C'est l'acquisition de ces savoirs communs, l'existence de représentations sociales communes concernant les lois et les institutions, les rapports entre l'Etat et le citoyen, leur formation au cours de l'histoire nationale et les valeurs communes auxquels ils font appel, qui fournissent aux sujets un langage commun, leur permettant de communiquer et de se reconnaître entre eux », *Ibid.*, p. 42.

CHAPITRE II
Les accompagnements socioéducatifs à l'épreuve de la singularité

À toutes fins d'introduire ce chapitre, un essai de définition de la notion d'accompagnement s'impose. Aujourd'hui, il semble que toutes les sphères du social se soient emparées de ce terme au point qu'il devient difficile, voire impossible de saisir ce qu'il recouvre. Tout le monde prétend accompagner et/ou être accompagné, que ce soit dans les domaines de l'éducation, de la formation, de la santé, de la justice, du management, etc.

LES CHEMINS DE L'ACCOMPAGNEMENT

Quelques éléments du contexte d'émergence de l'accompagnement peuvent nous permettre de mieux comprendre son succès. Rappelons d'abord que l'accompagnement fait son entrée sur la scène sociale dans les années 80-90, soit dans la décennie suivant ce que les sociologues nomment l'ère de la post-modernité[102]. Nous entrons alors dans un contexte de crise, crise des institutions mais aussi des identités. De nombreuses règles vont disparaitre pour laisser la place à de nouvelles normes. Le « je » remplace le « nous », l'individuel se substitue au collectif. Les nouvelles normes sont celles de la motivation et de la réussite personnelle. Chacun de nous porte son destin et est seul responsable de ses réussites comme de ses échecs. Tout un chacun est également « sommé » de se mettre en projet et ce, sous peine d'exclusion sociale. Il s'agit de s'auto-diriger, de s'auto-éduquer, de s'auto-former, de s'auto-évaluer et même de s'auto-punir[103]. Pourtant, cette dictature de *l'auto* n'a rien changé au fait que l'homme a (et aura) toujours besoin des autres hommes pour devenir Homme, c'est la

---

[102] Cf. F. Dubet, 2002. *Le déclin de l'institution*. Paris : Éditions du Seuil.
[103] Cf. J.-P. Le Goff, 1999. *La barbarie douce. La modernisation aveugle des entreprises et de l'école*. Paris : Éditions la Découverte.

condition ultime de son Humanité. On ne naît pas Humain, on le devient et ce par l'action, par l'éducation des autres Humains envers nous[104].

Ainsi, le contexte de la post-modernité constitue un terrain particulièrement fertile pour qu'émergent et se développent l'accompagnement et, avec lui, de nouvelles pratiques sociales, telles que celle du projet. En effet, aujourd'hui nul n'échappe, non plus, à la « tyrannie » du projet, projet de vie, projet personnel, professionnel, projet de formation, projet d'éducation de ses enfants, projet pour occuper son temps libre, … et même projet de fin de vie[105]. Et celui qui tenterait d'y échapper le ferait au péril de son existence sociale. Aujourd'hui, on existe par ses projets, projets qu'il convient, il va de soi, d'accompagner.

Alors que signifie accompagner ? Étymologiquement, « accompagner » renvoie au « *pain* ». Le « copain » étant celui « *qui partage la même ration de pain que* ». Sous certains aspects, l'accompagnement présente certaines similitudes avec le Compagnonnage. Compagnonnage qui nous transporte tout de même près d'un millénaire av. J.C[106]. Soulignons seulement que le fameux Tour de France des compagnons a pour visée ultime la réalisation du Compagnon non seulement en tant que professionnel mais aussi et surtout en tant qu'Humain. Et nous retrouvons là une dimension propre aux multiples pratiques d'accompagnement qui revendiquent une prise en compte « globale » de l'être humain.

---

[104] Point sur lequel nous aurons l'occasion de nous attarder dans le chapitre traitant de la question du lien.
[105] Haudiquet, A. « La fin de vie : une question de responsabilités ». *Empan*, n°73, p. 136-147.
[106] Ainsi, c'est à Salomon, fils de David, Roi d'Israël et à Hiram, Roi de Tyr, que reviendrait la création du Compagnonnage. En effet, et si l'on veut bien en croire la légende, Salomon aurait décidé d'ériger le temple de Jérusalem pour exprimer à Dieu sa gratitude pour la sagesse, la paix et la prospérité, qu'il aurait reçues de lui. Hiram lui aurait alors fournit les matériaux et les dizaines de milliers d'ouvriers nécessaires et aurait mis en place une véritable « *hiérarchie ouvrière* ». De là seraient nés le Compagnonnage et les premiers « Compagnons » : B. de Castéra, 2002, *Le compagnonnage*. Paris : Presses Universitaires de France.

Si l'accompagnement renvoie aux sources du compagnonnage, il n'est pourtant pas nécessaire de remonter si loin dans le temps pour en trouver les premières traces. Rappelons, par exemple, que la pédagogie de type magistral, dite pédagogie traditionnelle, ne date que du 19ᵉ siècle et que la littérature relative à l'éducation foisonne d'auteurs défendant des conceptions de l'éducation et de l'apprentissage qui exigent des postures plus proches de celles d'un « accompagnant » que de celles d'un maître. À titre d'exemple, et peut-être pour s'en assurer, il suffit de relire Jean-Jacques Rousseau qui, pour son Émile, imagine un gouverneur qui *« pût devenir le compagnon de son élève, et s'attirer sa confiance en partageant ses amusements »*[107]. Et il est loin d'être isolé dans cette conception de l'éducation, il suffit également de visiter les pionniers de la pédagogie du début du 20ᵉ siècle tels que Célestin Freinet ou John Dewey, promoteurs tous deux des Méthodes Actives, Alexander Sutherland Neill fondateur de l'école de « Summerhill », ou encore Maria Montessori, célèbre éducatrice italienne qui, elle aussi, est à l'origine des pédagogies actives, pédagogies centrées sur l'enfant et laissant une large place à sa liberté d'action. Ainsi, si l'accompagnement, tel qu'il se développe aujourd'hui dans de multiples domaines du social, s'inscrit dans le contexte de la post-modernité, dans le contexte d'une société de l'individu, ses visées et ses postures ont plus affaire à une conception de l'Humain et du monde qu'à une innovation purement « pédagogique ».

Après ce bref rappel du contexte d'origine de l'accompagnement, et pour donner davantage de lisibilité à notre propos, nous choisirons de retenir cette brève définition de l'accompagnement, à savoir *« une démarche visant à aider une personne à cheminer, à se construire, à atteindre ses buts »*[108]. Ainsi, en évoquant l'idée de cheminement, nous défendons l'idée selon laquelle l'accompagnement du projet de l'Autre, comme le projet d'accompagnement, émergent en grande partie de, et dans, l'instant

---

[107] J.-J. Rousseau. 1966, *Émile ou de l'éducation*. Paris : Garnier-Flammarion.
[108] Cf. M. Beauvais, 2004, *Des principes éthiques pour une philosophie de l'accompagnement*. Paris : Savoirs, Revue Internationale de Recherches en Éducation et formation des Adultes, L'Harmattan.

de leur rencontre, qu'ils se construisent chemin faisant et que, dès lors, on ne peut parler d'accompagnement qu'à la condition que chemin et projet ne soient pas entièrement déterminés par avance, en totale extériorité[109].

La notion de projet doit être entendue, non pas comme réduite à une seule visée, un idéal attendu et non ancré dans le présent, mais plutôt comme étant à la fois intention pour l'après et réalisation dans l'ici et maintenant. Précisons également avec J.-P. Boutinet[110], qu'il y a dans tout projet une mise « *en tension entre des contraires à concilier, le "pro" de l'anticipation et le "jet" de la réalisation* ». Cet auteur attire notre attention sur trois caractéristiques du projet : son « *exemplarité* », le projet relève de l'idéal, de l'inédit, son « *opérativité* », le projet concrétise l'intention, et sa « *pronominalisation* », le projet n'est pas anonyme, il est relié à un acteur-auteur. Il situe le projet dans « *un espace polarisé autour de quatre points cardinaux* » qui correspondent à « *quatre formes d'émergence historique du projet* » et qui, bien que paraissant antagonistes, demandent à être appréhendés dans leur complémentarité : « *l'individuel et le collectif d'un côté, l'existentiel et le technique de l'autre.* »

Accompagner le projet de l'autre c'est d'abord chercher à comprendre ce qui le préoccupe, ce qui le questionne. Mais c'est aussi accepter que cet Autre, et donc son projet, échappe en partie à notre compréhension. En effet, accompagner implique que l'on abandonne le dessein de vouloir tout expliquer du réel, que l'on accepte de ne pas tout comprendre. Avoir le projet d'accompagner le projet du jeune, c'est avant tout avoir le souci du jeune et ce souci a affaire au sentiment de responsabilité, qui intègre la « croyance »[111] en l'autonomie et en la responsabilité de l'Autre. Se soucier du souci de l'autre c'est contribuer à déterminer l'autre à se déterminer lui-même[112]. Et il va de soi que ceci ne peut se faire que dans un cadre

---

[109] *Ibid.*
[110] J.-P. Boutinet, 2004, *Psychologie des conduites à projet*. Paris : Presses Universitaires de France.
[111] Le terme croyance renvoyant à la fois à la notion de confiance et à celle de foi.
[112] Seule la relation à l'Autre permet à l'Humain de le devenir et l'éducation est conçue comme « *détermination à l'auto-détermination* » : J.G. Fichte, 1998.

institutionnel, cadre qui nous l'avons vu dans le précédent chapitre, participe à la légitimation de l'accompagnement, cadre à la fois existant et en partie contraignant, mais aussi laissant une large place à l'indéterminé, au non-prévu, à l'imprévu pour que puisse jaillir du nouveau et du singulier.

Ainsi, une des premières questions que se posent les accompagnants est celle du projet du jeune et, avec elle, celle de la finalité de l'accompagnement.

LES FINALITÉS DE L'ACCOMPAGNEMENT

La finalité première de l'accompagnement éducatif est toujours de l'ordre de l'autonomisation, de l'émancipation de celui que l'on accompagne, et ce à plus ou moins long terme. Mais nous allons voir que cette finalité, *a priori* partagée par l'ensemble des partenaires de l'accompagnement, s'avère difficile à atteindre, elle semble même parfois être perdue de vue ou encore inatteignable. Le parcours vers cette finalité va se construire « chemin faisant », nécessitant des ressources humaines et matérielles toujours différentes mais qui ont en commun de ne jamais rassurer les accompagnateurs sur l'atteinte effective de la finalité. C'est dans l'incertitude, dans le doute et parfois dans la frustration qu'il leur faudra, eux aussi, avancer « chemin faisant ».

De la destruction à la (re)construction

Bien que l'accompagnement ne puisse être pensé et agi dans le paradigme du déterminisme[113], paradigme au sein duquel on tente

---

Fondement du droit naturel selon la doctrine de la science. Paris : Presses Universitaires de France. La relation éducative est une relation de réciprocité puisque c'est en éduquant l'Autre à devenir lui-même que l'on confirme sa propre Humanité.

[113] De la pensée déterministe à la pensée constructiviste, on passe « *d'une réalité donnée à une réalité construire mais aussi d'une conception dichotomique à une conception dialogique du sujet et de l'objet. On passe également d'une vision d'un monde dans laquelle l'homme, objet parmi tant d'autres, en en grande partie déterminé par le monde dans lequel il vit, à une conception de l'homme, sujet, responsable du monde qu'il se représente, qu'il pense, qu'il projette et qu'il agit* ».

d'expliquer le réel sous l'angle des causalités, on ne peut éluder l'importance du contexte d'origine du jeune, contexte bien souvent dégradé. À plusieurs reprises, les travailleurs sociaux en rendent compte en utilisant des termes hautement significatifs tels que la « destruction », l' « autodestruction », la « dépression », la « violence », et même la « mort ». C'est dans ce contexte que les travailleurs sociaux inscrivent l'accompagnement éducatif dont la finalité est la (re)construction du jeune. Celle-ci prend forme dans le « projet » du jeune, bien que parfois, ce projet se révèle impossible à mettre en œuvre. Les travailleurs sociaux se sentent alors démunis, voire même parfois impuissants.

« Comment faire pour que l'action éducative ait du sens pour le jeune ? (...). Quelle position adopter ? (...). Comment lui faire comprendre que ce n'est pas pour le détruire mais, au contraire, pour l'aider à se construire ? (...). Comment accompagner quelqu'un qui va mal ? Certains demandent qu'on les accompagne dans la destruction. »

« Il faut accompagner de manière intensive ce jeune qui est dépressif et qui veut se foutre en l'air (...). Les problèmes s'amplifient d'autant qu'à son âge, il est amené à quitter l'établissement (...). C'est dommage parce qu'il a des attaches (...). Sa seule issue c'est de déprimer, sa dépression étant apparemment un passage incontournable pour progresser (...). Le problème, c'est qu'elle peut conduire à la mort. C'est très violent ce qu'il s'inflige et ce qu'il inflige aux autres. On ne sent pas d'évolution favorable (...). C'est de l'autodestruction (...). Il arrive au bout du parcours avec vous. Comment va-t-il continuer sans vous ? (...). Le projet semble impossible. »

« Il y a peut-être des choses à inventer. Comment l'imaginer ? C'est facile de dire "on va accompagner", mais

---

M. Beauvais, 2004. « Des principes éthiques pour une philosophie de l'accompagnement ». In *De l'éducation permanente à la formation tout au long de la vie. Savoirs*, Revue internationale de recherches en éducation et formation des adultes. Paris : L'Harmattan.

comment faire concrètement, sans vouloir tout refaire ? On est souvent confrontés à ce cas de figure. »

« *Ce jeune ne semble pas investir son placement, en tout cas, ne le considère pas comme une aide et une possibilité pour lui d'évoluer. Il semble le vivre comme une punition et ne parvient pas à en comprendre le sens (...). Comment pourrions-nous aider Jonathan à cheminer plus sereinement ?* »

Logiquement, si le jeune fait l'objet d'un accompagnement socio-éducatif, c'est parce que ses parents, sa famille sont perçus comme n'ayant pas su ou pas pu exercer à son égard l'accompagnement dont il a besoin. Certes, mais bien souvent, le défaut ou le manque d'accompagnement familial ou parental est lié à des difficultés d'ordre économique, social, juridique, psychologique qui n'ont pas été surmontées. Le jeune, qui a vécu ces difficultés, peut sortir du milieu familial blessé, brisé. Pourtant, les travailleurs sociaux lui demandent de faire des efforts supplémentaires d'adaptation à sa nouvelle vie institutionnelle et de se montrer constructif, bref, de faire acte de résilience. Ce parcours judéo-chrétien de la rédemption trouve un ancrage formel dans le projet. Mais, comment se projeter quand on revient de (très) loin ? « Tout projet prend racine dans le passé ; mais il tire surtout son sens de la situation présente et de la façon dont le sujet la vit et la maîtrise »[114]. Parfois les stigmates du passé douloureux que le jeune porte sont encore trop présents pour qu'il puisse envisager l'avenir sous un jour nouveau, meilleur, alors que le projet « tire son énergie des besoins, des désirs et des motivations »[115].

Peu importe, le projet est, aujourd'hui, la condition *sine qua non* de l'accompagnement socio-éducatif. Cette posture dogmatique est peut-être inspirée de « l'esprit actuel du capitalisme [ayant] pour caractéristique une orientation par projets, (...) [où] le critère le plus important (...) est la disposition à utiliser de manière personnellement responsable ses propres compétences et ses

---

[114] Barreyre, J.Y., Bouquet, B., Chantreau, A., Lassus, P. 1995. *Op. cit.*, p. 302.
[115] *Ibid.*

ressources émotionnelles au service de projets individualisés »[116]. Elle est sans doute également liée à la juridisation du projet dans le secteur social et médico-social depuis que le législateur a institué le projet d'accueil et d'accompagnement. En apparence fondé sur l'accord des parties, qui prend la forme écrite d'un contrat, le projet est en réalité plus ou moins imposé[117]. En effet, il s'apparente plutôt à un contrat d'adhésion, où « le consentement de l'une des parties consiste à se décider, à saisir une proposition qui est à prendre ou à laisser sans discussion, adhérant ainsi aux conditions établies unilatéralement à l'avance par l'autre partie »[118]. Non seulement, l'un des partenaires contractuels, le jeune en l'occurrence, n'a pas la capacité juridique de consentir à quoi que ce soit, mais en plus, le recours à un modèle de contrat préétabli est de nature à restreindre l'espace de liberté contractuelle.

Face à l'échec annoncé du projet, la dernière issue possible pour les travailleurs sociaux est d'accompagner le jeune contre sa volonté, y compris dans le cadre d'un placement judiciaire, donc, contraint.

« Il faudrait l'aider contre sa volonté ? (...). Lui donner des points de repère pour se construire (...). À un moment donné, le dysfonctionnement est tel que c'est à l'institution de prendre la décision du placement. Au fond, c'est une aide pour que le jeune puisse redémarrer. »

Mais on peut se demander jusqu'où l'aide sous contrainte entre-t-elle encore dans le paradigme de l'accompagnement ? Si, certes, il est inconcevable de viser l'autonomisation d'une personne

---

[116] Honneth, A. 2006. *Op. cit.*, p. 284.
[117] « Les services départementaux et les titulaires de l'autorité parentale établissent un document intitulé « projet pour l'enfant » qui précise les actions qui seront menées auprès de l'enfant, des parents et de son environnement, le rôle des parents, les objectifs visés et les délais de leur mise en œuvre. Il mentionne l'institution et la personne chargées d'assurer la cohérence et la continuité des interventions. Ce document est cosigné par le président du conseil général et les représentants légaux du mineur ainsi que par un responsable de chacun des organismes chargés de mettre en œuvre les interventions. Il est porté à la connaissance du mineur et, pour l'application de l'article L. 223-3-1, transmis au juge », art. L223-1 al. 5.
[118] Cornu, G. 2004. *Op. cit.*, p. 26.

en dehors d'un quelconque cadre contraignant, il est tout aussi inconcevable de viser une quelconque autonomisation dans un cadre trop contraignant, trop fermé.

De la socialisation à l'émancipation

Selon les travailleurs sociaux, l'accompagnement éducatif sert également à normaliser les comportements du jeune, c'est-à-dire à les rendre conformes à la norme sociale dans le cadre du processus de socialisation. Encore une fois, le projet représente un point d'ancrage à partir duquel la démarche d'émancipation va pouvoir s'engager, en donnant ainsi un sens à la socialisation. S'émanciper, c'est d'abord et avant tout viser sa liberté : liberté de penser, liberté de choisir et liberté d'agir.

« La jeune a su faire des efforts pour obtenir une place à part entière dans sa famille. Son comportement demeure difficile au quotidien et nécessite un travail d'accompagnement éducatif important pour l'aider à se contenir. »

« Le fait que le jeune dise : "J'ai envie d'un projet, d'un avenir" va l'aider à avoir son propre jugement, à se socialiser. Il lui appartient de choisir sa vie (...). Le mieux, c'est de l'aider à faire des choix de vie, de liberté, des choix de comportements adaptés, porteurs de sens, et pas seulement lui donner des outils (...). C'est l'idée du tuteurage : rester auprès de lui pour le guider (...). Ne pas se limiter à une socialisation bête et méchante, mais l'éveiller à la liberté de penser (...). Construire autour de ce mot "liberté" la capacité à s'exprimer, à parler de ses ressentis. »

« La vie en société implique des obligations et des limites. C'est à travailler. »

La dialectique de la normalisation et de l'émancipation, au cœur de l'accompagnement socio-éducatif, interroge la (future) place du jeune en tant que membre de la société, en tant que citoyen. Entre individualité et souveraineté[119], la citoyenneté oblige l'Homme politique à faire passer le bien public avant ses intérêts particuliers, ce qui lui assure, en contrepartie, dans un État démocratique, la protection des droits et des libertés individuels. Ainsi, la normalisation juridique qui impose le respect de l'ordre public et la priorité de l'intérêt général peut favoriser, à travers la responsabilité, l'émancipation sociale et politique de l'individu. Tel est le défi de la citoyenneté, c'est-à-dire « le degré auquel [chaque personne] peut contrôler son propre destin en agissant à l'intérieur du groupe »[120].

Or, il arrive que l'apprentissage de la citoyenneté, échappant aux institutions « ordinaires », familiales ou scolaires, échoie aux travailleurs sociaux. Les discours que ces derniers tiennent à ce propos laissent apparaitre un va-et-vient permanent entre liberté et contrainte, entre autonomie et dépendance. Mais qu'en est-il du point de vue des jeunes eux-mêmes ? Selon l'enquête de Chantal Kourilsky-Augeven[121], les jeunes Français associent la liberté à une certaine conception du pouvoir. Ils relient de manière interdépendante le pouvoir politique aux droits de l'Homme et aux libertés fondamentales, où l'égalité et la liberté d'opinion occupent le premier rang. Ainsi, la liberté ne saurait exister en dehors d'un cadre politique, celui de la démocratie.

---

[119] Jaume, L. 1996. « Citoyenneté », p. 96-99, dans Raynaud, P., Rials, S. *Dictionnaire de la philosophie politique*. Paris : Presses Universitaires de France.
[120] Leca, J. 1986. « Individualisme et citoyenneté », p.163, dans Birnbaum, P., Leca, J. *Sur l'individualisme*. Paris : Presses de la Fondation nationale des sciences politiques.
[121] Kourilsky-Augeven, C., Zdravomyslova, O., Arutjunjan, M. 1994. *Op. cit.*

LES FIGURES DE L'ACCOMPAGNEMENT

Les figures de l'accompagnement se présentent sous deux formes : une forme imposée, contraignante, d'ordre juridique, et une forme plus souple que nous nommerons « contrat social ».

Les figures imposées : de l'intervention éducative au placement

Lorsque l'enfant n'est pas en danger mais qu'un soutien éducatif paraît nécessaire pour assurer sa santé, sa sécurité, son entretien ou son éducation, une action éducative en milieu ouvert (AEMO administrative) ou une intervention éducative à domicile (IEAD) peut être mise en œuvre à la demande des parents ou sur proposition des travailleurs sociaux avec l'accord des parents.

En cas de danger ou même de risque de danger, l'AEMO judiciaire ou le placement judiciaire prend normalement le relais, au titre de l'assistance éducative[122]. En principe, la mesure éducative, en l'occurrence le placement, ne peut excéder deux ans. Toutefois, en dehors de son renouvellement possible sur décision motivée, « lorsque les parents présentent des difficultés relationnelles et éducatives graves, sévères et chroniques, évaluées comme telles dans l'état actuel des connaissances, affectant durablement leurs compétences dans l'exercice de leur responsabilité parentale, une mesure d'accueil exercée par un service ou une institution peut être ordonnée pour une durée supérieure, afin de permettre à l'enfant de bénéficier d'une continuité relationnelle, affective et géographique dans son lieu de vie dès lors qu'il est adapté à ses besoins immédiats et à venir »[123]. Ce durcissement à l'égard des parents « incompétents » est paradoxal au regard de la volonté politique de

---

[122] « Si la santé, la sécurité ou la moralité d'un mineur non émancipé sont en danger, ou si les conditions de son éducation ou de son développement physique, affectif, intellectuel et social sont gravement compromises, des mesures d'assistance éducative peuvent être ordonnées par justice à la requête des père et mère conjointement, ou de l'un d'eux, de la personne ou du service à qui l'enfant a été confié ou du tuteur, du mineur lui-même ou du ministère public », C. civ., art. 375 al.1er.
[123] C. civ., art. 375 al. 4.

freiner la judiciarisation de la protection de l'enfance[124] au bénéfice d'une intervention socio-éducative administrative.

Le placement, qui intervient en cas d'incompétence parentale avérée, peut également être volontaire[125] dès lors que les parents prennent l'initiative de remettre leur enfant entre les mains de l'Aide sociale à l'enfance, en signant une autorisation écrite et un accord[126]. Cette approche de l'aide volontaire et négociée est aujourd'hui privilégiée dans le cadre de l'intervention éducative administrative[127] alors que le recours à l'autorité judiciaire ne cesse de s'accroître[128]. Elle se fonde sur l'intérêt supérieur de l'enfant, désormais considéré comme primordial en jurisprudence[129], notion introduite en 1989 par la convention internationale des droits de l'enfant[130], ô combien subjective et difficile à cerner.

« Une pré-admission a eu lieu à la Maison d'enfants à laquelle la mère n'a pas assisté. Celle-ci n'étant, a priori, pas d'accord avec cette démarche, l'admission ne pourra se réaliser. Rencontrée le lendemain par hasard, elle reconnaît son manque d'autorité, et admet que son fils la met en difficulté dans son rôle parental. »

Le placement vise à éloigner, temporairement, l'enfant de son entourage familial dès lors que son équilibre et son

---

[124] Serre, D. 2001. « La « judiciarisation » en actes ». *Actes de la recherche en sciences sociales*, n°136-137, p. 70-82.
[125] Cass. civ. 2, 1er juillet 2010, n°09-66404.
[126] « Sauf si un enfant est confié au service par décision judiciaire ou s'il s'agit de prestations en espèces, aucune décision sur le principe ou les modalités de l'admission dans le service de l'aide sociale à l'enfance ne peut être prise sans l'accord écrit des représentants légaux ou du représentant légal du mineur ou du bénéficiaire lui-même s'il est mineur émancipé. », CASF, art. L223-2 al. 1er.
[127] Loi n°2007-293 du 5 mars 2007 réformant la protection de l'enfance, JORF du 06.03.2007.
[128] Sanchez, J.-L. 2010. « La place des parents dans la protection de l'enfance ». *Les Cahiers de l'Odas*, 30 p.
[129] Cass. civ. 1, 13 mars 2007, n°06-12655.
[130] « Dans toutes les décisions qui concernent les enfants, qu'elles soient le fait des institutions publiques ou privées de protection sociale, des tribunaux, des autorités administratives ou des organes législatifs, l'intérêt supérieur de l'enfant doit être une considération primordiale. », art. 3-1.

développement semblent compromis. Le temps du placement est alors mis à profit, dans une perspective de (re)valorisation des relations familiales, sachant que le retour en famille en est idéalement l'aboutissement.

> « À un moment donné, le dysfonctionnement familial est tel, que c'est l'institution (AEMO) qui propose le placement. Celui-ci peut permettre à la famille de se reconstruire. (...) C'est un moyen pour les parents et l'enfant de souffler. C'est libérateur. (...) Dans les accueils provisoires, il arrive que les parents qui, au départ, ont demandé le placement, changent ensuite d'avis parce qu'ils culpabilisent de ne plus pouvoir prendre en charge leur enfant. »

En cas de placement, les relations familiales ne sont pas rompues, au contraire. D'ailleurs, « chaque fois qu'il est possible, le mineur doit être maintenu dans son milieu actuel »[131] sous couvert de l'intervention d'un travailleur social auprès de la famille dans le cadre d'une mission d'aide et de conseil. En fonction des rapports que celui-ci adresse périodiquement au juges des enfants, d'autres mesures peuvent être prises, mais toujours en informant aussitôt les parents, comme par exemple, un hébergement exceptionnel ou l'obligation de fréquenter un établissement de santé ou d'éducation. Le placement judiciaire n'intervient qu'en dernier recours. Contrairement aux idées reçues, il ne prive pas de l'exercice conjoint de l'autorité parentale les parents qui se voient également reconnaître un droit de correspondance ainsi qu'un droit de visite et d'hébergement[132]. Ainsi, malgré la séparation, les relations parents-enfant peuvent continuer d'exister et de se construire dans les limites du placement, ce qui, par ailleurs, n'est pas sans poser de difficultés.

L'accompagnement peut varier selon que le placement est judiciaire ou administratif. Dans le cadre d'un placement judiciaire, ordonné par un juge des enfants, les conditions de la prise en charge, donc de l'accompagnement, ne sont pas négociables. Celles-ci sont prescrites selon des besoins identifiés, unilatéralement par le juge

---

[131] C. civ., art. 375-2.
[132] C. civ., art. 375-7.

qui, parfois, pour en assurer le respect, agite la menace de la sanction.

> « *Une audience a été programmée en 2005, au cours de laquelle le juge des enfants a ordonné le placement de l'enfant, le plus rapidement possible, dans un établissement pour le séparer de son milieu familial afin qu'il puisse bénéficier d'un cadre éducatif sécurisant et structurant.* »

Ce qui, une fois encore, questionne la pertinence de l'utilisation du terme « accompagnement ». Nous l'avons précisé en introduction de ce chapitre, une des spécificités de l'accompagnement est qu'il ne peut être entièrement pré-défini. Il ne peut être pensé hors contexte et hors Sujet. Ses finalités, comme ses moyens sont à évaluer, à ré-ajuster chemin faisant. Et même si une partie du cadre de l'accompagnement est prédéfinie et doit être élucidée, acceptée pendant l'accompagnement, une autre partie du cadre se doit d'être co-construite et co-élucidée en permanence. La question de l'élucidation est fondamentale dans l'accompagnement. Précisons que veiller à l'élucidation du cadre de l'accompagnement éducatif, c'est veiller à « *faire voir et à rendre clairs les points fixes. Ces points fixes sont à voir et à accepter comme tels. Ils constituent à la fois des contraintes et des repères, à partir desquels seulement des actions "lucides" et des changements sont possibles.* »[133]

> « *Cette jeune a été placée suite aux nombreux problèmes éducatifs rencontrés par sa mère, qui a fait appel au juge des enfants. (...) Au moment de son admission, elle a manifesté sa volonté de partir sur de nouvelles bases, en reconnaissant l'intérêt du placement. D'après l'ordonnance de placement, elle a besoin d'être protégée et entourée.* »

> « *Le juge indique à la jeune qu'il renouvelle son placement, pour un an, dans l'intérêt de son bébé, pour permettre la poursuite de la prise en charge. Il lui précise qu'aucune fugue ne*

---

[133] M. Beauvais, 2009. « Penser l'accompagnement et la formation à l'accompagnement ». In *Accompagnement en éducation et formation : regards singuliers et pratiques plurielles*. Coord. : M. Beauvais, J.-N. Demol. Lille : CUEEP Lille 1. Cirel-Trigone.

sera tolérée sous peine de mainlevée de son placement ainsi que d'une mesure de placement pour son enfant. »

Dans cet extrait, on note que le juge fixe un « point fixe », à savoir qu'aucune fugue ne sera tolérée.

Dans le cadre d'un placement judiciaire, l'accompagnement s'impose à l'enfant et aux parents, tandis que, s'agissant d'un placement administratif, il relève de la libre volonté des parties, c'est-à-dire les parents, l'établissement et l'Aide sociale à l'enfance, qui s'expriment dans un contrat.

« Le comportement de la jeune est difficile au quotidien, et nécessite un travail d'accompagnement éducatif important pour l'aider à "se contenir". (...) Elle ne souhaite pas que son fils vive en foyer, comme elle l'a vécu, étant enfant. Aujourd'hui, on propose de poursuivre l'accompagnement éducatif à domicile dans le cadre d'une IEAD à condition qu'elle et sa mère soient en capacité d'accepter et de respecter un contrat. »

Par ailleurs, la dimension judiciaire oblige le travailleur social – accompagnateur – à rendre compte, auprès du juge des enfants, de l'accompagnement et de ses effets sur l'évolution de l'enfant. Cette évaluation peut conduire à des ajustements de la mesure d'assistance éducative, voire à la mainlevée de cette mesure.

« En janvier 2006, le référent informe le magistrat des difficultés rencontrées dans l'accompagnement de l'enfant et des projets en cours. »

La place prépondérante du placement judiciaire dans les discours des travailleurs sociaux traduit l'impact de la judiciarisation sur les pratiques socio-éducatives. Les attentes grandissantes de protection et de sécurité des individus, vulnérables qui plus est, ont déclenché, chez les travailleurs sociaux, en particulier les assistantes sociales, un déferlement de signalements d'enfants en danger. Ces signalements, favorisés par un important dispositif législatif et réglementaire de lutte contre les mauvais traitements infligés aux enfants qui n'a cessé d'être renforcé depuis 1989[134], témoignent du souhait de rompre la loi du silence et, de cette façon, de donner de la visibilité au phénomène de la maltraitance. Jusqu'à la refonte du code pénal en 1994, pendant quelques années, la question de la maltraitance a confronté les travailleurs sociaux à un dilemme : parler ou se taire, mettant en tension deux obligations contradictoires : la dénonciation de crimes et délits et le secret professionnel.

Mais, en raison de la mise en cause des travailleurs sociaux dans plusieurs affaires devant les juridictions répressives pour non-dénonciation de crime, dont les plus retentissantes sont sans doute l'affaire d'Auch[135], parfois qualifiée de « syndrome d'Auch »[136] et l'affaire Montjoie[137], les saisines du Parquet ont pris un caractère

---

[134] Loi n°89-487 du 10 juillet 1989 relative à la prévention des mauvais traitements à l'égard des mineurs et à la protection de l'enfance, JORF du 14.07.1989.

[135] En 1990, le tribunal correctionnel a condamné pour non dénonciation de crime deux assistantes sociales, une responsable de l'Aide sociale à l'enfance et un médecin inspectrice de la santé (DDASS). Une enfant mineure avait été violée par son père. La mère accusa d'abord un déficient intellectuel, puis, sur les conseils de l'assistante sociale de secteur, dénonça à la justice le père de l'enfant. Dix jours s'écoulèrent entre le viol et cette dénonciation, ponctués de divers signalements qui semblent s'égarer dans les dédales administratifs et d'un « contrat » passé entre l'assistante sociale et la mère tendant à conduire cette dernière à dénoncer elle-même les faits. Tout en relaxant les prévenues en 1991, la cour d'appel d'Agen a constaté « *un record d'inefficacité administrative* ». Elle a estimé que le dysfonctionnement ne peut constituer qu'une faute de service. Un an plus tard, la Cour de cassation a décidé que le crime ayant été dénoncé dès le lendemain de sa commission par le médecin à l'autorité administrative, le délit n'était pas constitué.

[136] Serre, D. 2001. *Op. cit.*, p.73.

[137] En 1993, la justice a reproché à un psychiatre, un éducateur et une assistante sociale d'avoir attendu douze jours pour informer la justice du viol d'un enfant de sept ans, atteint de mucoviscidose, par un majeur de dix-huit ans, l'un et l'autre étant placés dans la même famille d'accueil par l'association Montjoie à laquelle le juge des enfants avait confié les deux enfants. ces travailleurs sociaux ont été poursuivis pour non-dénonciation de sévices ou de privations infligés à un mineur de 15 ans, non-assistance à personne en danger. Suite au signalement, ils se sont contentés de faire cesser le danger en éloignant le jeune adulte auteur du viol. Les deux directeurs de l'association et un psychologue ont été, par la suite, inculpés des mêmes chefs d'accusation. Après avoir été relaxés en première instance, sur appel du ministère public, les prévenus ont été condamnés en 1994 par la cour d'appel du Mans. En 1997, la Cour de cassation a rejeté les pourvois formés par les condamnés, Cass. crim. 8 octobre 1997, n°94-84801.

quasi-automatique. Aujourd'hui, les pouvoirs publics souhaiteraient, semble-t-il, faire marche arrière, mais cela paraît mal engagé dans la mesure où le signalement représente une norme d'évaluation du travail social et un gage d'efficacité de la protection de l'enfance en danger.

Les figures libres : le « contrat social »

L'accompagnement socio-éducatif "obéit" à un cadre global, un « contrat social » en quelque sorte, qui comprend des limites qui, si elles sont franchies par le jeune, l'exposent à des sanctions.

> *« L'accompagnement individualisé, oui, mais dans un cadre qui s'impose au jeune, avec des limites qui resteraient à définir (...). Qu'est-ce qu'accompagner quelqu'un qui va mal ? Il faut prendre en compte le vécu pour apporter des réponses cohérentes, des limites, des sanctions. »*

> *« Si on n'est pas capable d'accompagner, autant ne pas limiter (...). Il est important que celui qui donne les limites soit celui qui accompagne. Il faut accompagner les personnes en leur donnant des limites. Dans l'éducation il y a deux fonctions : donner des limites et accompagner. »*

Ces deux extraits traduisent bien une conception de l'accompagnement et de l'autonomie intégrant les paradoxes qui leur sont inhérents. On ne peut accompagner sans limites et sans contraintes, qu'elles soient internes, liées au Sujet accompagné, et/ou externes, liées à l'environnement au sein duquel et à partir duquel on accompagne vers une autonomisation. Les travailleurs sociaux évoquent alors le « contrat social ». A priori, ce contrat comprend une double dimension éthique et technique. « Il se veut être un engagement réciproque, reposant sur un accord mutuel, entraînant un pacte différentiel. Sa dimension éthique est donc la signification d'une responsabilité bilatérale et d'une solidarité mutuelle s'exprimant de façon complémentaire. Le contrat signifie des engagements réciproques, de ce fait, il institue les contractants comme acteurs, et permet le débat contradictoire »[138]. En même temps, c'est un outil technique d'action sociale qui « nécessite un dialogue, l'élaboration d'un projet, la prévision des moyens à mettre en place pour le réaliser, un échéancier et l'évaluation »[139]. Mais le voisinage constant et étroit du « contrat social » avec le droit que l'on introduit par le biais de limites et de sanctions est de nature à réduire voire même à éliminer la dimension éthique de la démarche socio-éducative à la faveur de la naissance du contrat d'adhésion.

Cette dérive est d'autant plus forte lorsque que le contrat exige l'acceptation du jeune et de son représentant légal et l'obligation de l'honorer, en atteignant une série d'objectifs par des moyens formalisés. Ce qui n'est pas sans poser la question du « consentement » et de son lien avec la question de l'autonomie[140].

« Ainsi j'étais prête à proposer de poursuivre cet accompagnement éducatif à domicile dans le cadre d'une IED (Intervention éducative à domicile) à condition que la jeune et sa mère soient en capacité d'accepter et de respecter un contrat. »

« Elle se fixe des objectifs, des moyens avec l'éducatrice d'accompagnement. »

LES ACTEURS DE L'ACCOMPAGNEMENT

La démarche d'accompagnement socio-éducatif implique plusieurs catégories d'acteurs qui ont leur propre rôle à jouer. Ce qui renvoie à la question des postures et des fonctions de l'accompagnement et nous invite à nous re-poser la question : Que signifie accompagner ? M. Beauvais, qui considère que la pratique

---

[138] Barreyre, J.Y., Bouquet, B., Chantreau, A., Lassus, P. 1995. *Op. cit.*, p. 100.
[139] *Ibid.*
[140] « *Au-delà des questions de justice sociale, on se rend vite compte que c'est surtout le concept de consentement – tel qu'il est employé dans l'éthique du juste – qui est problématique d'un point de vue moral. (…) les partisans de l'éthique minimale estiment que la valeur du consentement est si évidente qu'elle ne demande aucune argumentation spécifique. (…) Au nom de quoi dire "oui" et "non" justifierait-il une conduite, par exemple celle de l'esclavage volontaire ?* » Cf. Marzano, M. 2006. *Je consens, donc je suis*. Paris : Presses Universitaires de France.

d'accompagnement ne peut se fondre dans une « nébuleuse »[141] au risque de se confondre avec d'autres pratiques, propose de spécifier la démarche d'accompagnement en opérant une distinction entre les termes « accompagnateur » et « accompagnant ». M. Beauvais[142] souligne qu' « *En considérant l'accompagnement en tant que pratique, nous [pouvons] l'appréhender à trois niveaux : un micro niveau, celui des acteurs (là où se vit l'accompagnement par ses acteurs : accompagnant/accompagné), un méso niveau, celui de l'organisation de formation, là où se traduit la fonction accompagnement, un macro niveau, celui de l'institution politique (là où se conçoivent les logiques d'accompagnement au regard des valeurs sociales véhiculées). En plaçant la fonction accompagnement au niveau meso, et ses postures au niveau micro, on peut opérer une distinction entre les termes "accompagnateur" et "accompagnant". L'accompagnateur, dans sa fonction d'accompagnement, pouvant adopter plusieurs postures, celle du guide, du tuteur, du conseil, l'autorisant parfois à orienter et même à diriger, mais aussi celle particulière de l'accompagnant. Posture singulière qui émerge dans la situation d'accompagnement et dans l'instant de la relation accompagnant-accompagné et qui place l'accompagnant, aux côtés de l'accompagné, voire un peu en retrait. L'accompagnant est alors celui qui volontairement "se retient", "s'abstient", voire "se retire", pour que l'Autre puisse "se prendre en projet"[143], se décider et advenir. Mais aussi posture qui doit être appréhendée dans le cadre institutionnel au sein duquel elle peut émerger et s'ajuster. Et si aujourd'hui il semblerait politiquement plus "payant" de parler d'accompagnement que de direction ou d'assistance ce n'est pas pour autant qu'il faille adopter "aveuglément" et inconditionnellement la posture d'accompagnant. Adoptée en*

---

[141] Cf. M. Paul, 2002. « L'accompagnement : une nébuleuse ». In *L'accompagnement dans tous ses états*. Revue Éducation Permanente. n° 153.
[142] Beauvais, M. 2009. « Penser l'accompagnement et la formation à l'accompagnement ». In *Accompagnement en éducation et formation : regards singuliers et pratiques plurielles*. Coord. : M. Beauvais, J.-N. Demol. Lille : CUEEP Lille 1. Cirel-Trigone.
[143] Au sens de G. Liiceanu (1994).

permanence, cette posture peut facilement relever du domaine de la "barbarie douce" »[144]

Voyons à présent comment cette fonction et ces postures se traduisent concrètement pour les différents acteurs impliqués dans l'accompagnement.

Les professionnels

L'accompagnement socio-éducatif s'articule autour d'un partenariat pluridisciplinaire, mobilisant simultanément l'aide sociale, la santé (médecins, psychologues, psychiatres), l'éducation (instituteurs, professeurs des écoles) et la justice (juges, délégués à la tutelle, tuteurs). Bien que ce partenariat soit mis en avant dans les propos des travailleurs sociaux, il n'est pas exempt de difficultés. En effet, les frontières entre les domaines d'intervention et entre les rôles ne sont pas clairement tracées, laissant la confusion et l'incompréhension s'installer, tant chez les professionnels que chez les usagers, parfois au détriment de l'accompagnement. Et on est alors en droit de se demander si tous ces partenaires « accompagnent » au sens où nous l'avons défini en amont de ce chapitre.

On sait que pour que le partenariat réussisse, plusieurs conditions nécessitent d'être réunies, parmi lesquelles « des objectifs bien définis, la reconnaissance mutuelle des rôles, un protocole précisant les responsabilités et les [modalités] de financement »[145].

« *Concrètement, c'est vrai que l'on n'a pas voulu frustrer le jeune, mais, on n'est pas les seuls acteurs, il y a aussi le magistrat. (...). Il suffirait de poser les limites : "l y a un cadre, il faut le respecter". (...) Il faut mobiliser les partenaires.* »

Ici se posent la question de savoir qui fait quoi et qui est responsable de quoi ?

---

[144] Barbarie douce au sens de Jean-Pierre Le Goff (1999).
[145] Barreyre, J.Y., Bouquet, B., Chantreau, A., Lassus, P. 1995. *Op. cit.*, p. 272.

« *Vous allez trouver sur le même dossier, sans distinction, la protection de l'enfance : l'ASE, et le judiciaire. Par exemple, un jeune, qui avait violé un enfant chez une assistante maternelle, a été déféré au Parquet, après sa garde à vue. Je m'attendais à ce que le judiciaire se prononce. Eh bien non, c'est à l'ASE de prendre en charge ! C'est dommage : à chaque personne sa mission, sa place. Cela interroge le système.* »

« *Il faut trouver des moyens pour travailler dans la transversalité. (...) L'important, c'est d'accompagner, de parler ensemble de ce qu'on voit. Ce n'est pas l'un ou l'autre, c'est complémentaire. (...) Dans l'institution, un jeune a un référent, qui doit rencontrer deux fois par an la psychologue pour parler de la problématique du jeune. Celle-ci peut également participer à une réunion d'équipe en cas de difficulté d'accompagnement. (...) Comment travailler avec les partenaires dans le cadre d'objectifs transversaux ? (...) En échangeant, en prenant en compte les différents regards. (...) Avec la limite du secret professionnel. (...) Le CPE m'a appelé à 7 heures : "l'enfant s'est touché le zizi". (...) C'est le problème du réseau : l'Éducation nationale ne fait rien, le magistrat, rien, la police, rien, et on a l'impression de tout supporter. À l'inverse, ils disent de nous : "c'est quoi ces éducateurs qui nous balancent un gamin pareil !". Il faut travailler en prenant en considération les représentations, les regards que les autres institutions portent sur nous. (...) Chez nous, par exemple, on ne prend pas les enfants exclus du système scolaire. Les partenaires sont obligés de le prendre en compte. C'est du donnant-donnant. Dans ce cas, nous nous répartissons le temps de prise en charge. (...) Mais il y a aussi la tutelle qui induit un partenariat plus élargi. Et le secret dans tout ça ? (...) Mais quelqu'un a quand même la mission de faire fonctionner tout ça, c'est le Conseil général.* »

« *La jeune a besoin d'un accompagnement éducatif, avec une proximité permanente. Fin juin 2006, en accord avec le référent et l'équipe éducative, le juge a décidé une mainlevée du placement durant la période estivale. Un retour en établissement est annoncé pour la rentrée de septembre.* »

D'un côté on reconnait que la pertinence et l'efficience de l'accompagnement se fondent, entre autres, sur le partenariat[146], mais de l'autre, on prend conscience de toute la difficulté à agir « convenablement » cet accompagnement pluriel au quotidien.

Si le partenariat repose, en principe, sur « un respect et une reconnaissance mutuelle des contributions et des parties impliquées dans un rapport d'interdépendance »[147], le contexte de territorialisation dans lequel il s'inscrit lui confère, au delà de la transversalité, un caractère de plus en plus concurrentiel. La nébuleuse des métiers du travail social, la différenciation des niveaux de professionnalisation et la fragilisation des fondations des professions[148] contribuent, sans aucun doute, davantage à diviser qu'à unifier l'action sociale. Comment, dès lors, concilier des légitimités professionnelles plurielles en quête permanente de reconnaissance et de nivellement autour de la réalisation d'un projet commun ayant en point de mire l'intérêt des enfants et de leur famille ? Par ailleurs, si l'on considère le partenariat comme « un rapport complémentaire et équitable entre deux parties différentes par leur nature, leur mission leurs activités, leurs ressources et leur mode de fonctionnement »[149], le fait de dépasser largement le nombre de deux introduit une difficulté supplémentaire. L'action sociale est, en effet, assurée par une multitude d'intervenants : des éducateurs, des assistants sociaux, des travailleuses familiales, des assistantes maternelles, des conseillères en économie sociale et familiale. Ces intervenants œuvrent au sein de structures, elles-mêmes, diversifiées : des Maisons d'enfants, des Instituts médico-éducatifs (IME), des Services socio-éducatifs, l'Aide sociale à l'enfance (ASE), des Centres d'action médico-sociale précoce

---

[146] Ce sur quoi nous nous attarderons dans le chapitre sur la question du lien et des liens.
[147] Barreyre, J.Y., Bouquet, B., Chantreau, A., Lassus, P. 1995. *Op. cit.*, p. 272.
[148] Par exemple, la création des emplois-jeunes en 1997 a, pendant plusieurs années, représenté un risque de déqualification pour les éducateurs qui, contrairement aux assistants sociaux, sont dépourvus de monopole d'exercice.
[149] Barreyre, J.Y., Bouquet, B., Chantreau, A., Lassus, P. 1995. *Op. cit.*, p. 272.

(CAMSP), des commissions départementales d'éducation spéciale (CDES)[150].

« Jusqu'en avril 2005, les enfants étaient suivis par les services sociaux : soit par le service social local pour des problèmes d'ordre financier, soit par le service socio-éducatif pour des difficultés éducatives. »

Les enfants

Les enfants peuvent être considérés comme parties prenantes de l'accompagnement socio-éducatif. Certains le considèreront même comme le partenaire central de l'accompagnement[151]. Cependant, il arrive que les enfants s'opposent à cet accompagnement, refusant toute aide venant de l'institution, mais acceptant l'aide extérieure, par exemple, celle d'un psychologue. Ce genre de situation semble être accepté par les travailleurs sociaux, qui laissent le temps au temps, en espérant qu'un jour ils reviennent dans le « giron » de l'institution.

« Sa difficulté, ses problèmes relationnels mettent l'institution constamment en échec. L'équipe éducative est désarmée. (...) On lui a proposé l'aide d'un psychologue ? (...) Oui, elle est suivie. Elle prend elle-même ses rendez-vous. Elle ne veut pas voir les gens de l'institution. Pareil pour l'orthodontiste, elle se débrouille toute seule. (...) Elle refuse le suivi par une personne de l'institution mais elle l'accepte de l'aide à l'extérieur. De ce fait, on n'a pas de retour. C'est la jeune, dans sa toute-puissance. On a une discussion virulente avec elle sur les repères, le cadre et, au repas, elle exige qu'on soit à côté d'elle. (...) Elle refuse de dire qu'elle a peur. (...) Elle met les gens à une certaine distance. Les travailleurs sociaux sont mis à l'écart. Ils n'ont pas de poids sur elle. (...) Cela fait penser au bébé qui refuse le sein de sa mère... »

---

[150] Aujourd'hui appelées commissions des droits et de l'autonomie des personnes handicapées (CDAPH).
[151] Cf Chapitre sur la question du lien.

Le jeune est aussi, parfois, amené à jouer le rôle de médiateur dans l'accompagnement socio-éducatif réalisé auprès d'autres jeunes, les travailleurs sociaux lui octroyant alors la qualité d'« aidant ».

> « La jeune est aidante en cas de conflit avec d'autres filles. Elle est d'une grande aide pour nous (...). Elle occupe une place de leader. »

Une place de « leader » et/ou de co-accompagnante qui témoigne d'un véritable processus de socialisation. Une des spécificités de l'accompagnement étant qu'accompagnant et accompagné se spécifient mutuellement, en participant à l'accompagnement d'autres enfants, non seulement la jeune « prend » et affirme sa place dans l'institution mais ce faisant elle se spécifie, se « détermine », en tant que Sujet Humain[152].

La famille

Comme on l'a déjà souligné, le placement n'exclut pas le maintien des liens familiaux, au contraire. Ceux-ci peuvent se nouer autour de sorties ou de visites, parfois médiatisées par la présence d'un tiers, généralement un éducateur, conformément à une ordonnance de placement, d'hébergements, avec ou sans nuitées, pendant les week-ends et les vacances scolaires. S'ils s'expriment librement dans le cadre d'un accueil provisoire, il n'en va pas de même dans le cadre d'un placement judiciaire. En effet, dans ce cas, sous l'autorité judiciaire, les modalités et la fréquence de l'hébergement familial sont fixées par le service « gardien »[153] auquel l'enfant est confié. C'est, dans ce contexte, que s'inscrit l'accompagnement de l'enfant par sa famille, en complément de l'accompagnement socio-éducatif, par le biais de « concertations »,

---

[152] Cf. M. Beauvais, 2004, *Des principes éthiques pour une philosophie de l'accompagnement*. Paris : Savoirs, Revue Internationale de Recherches en Éducation et formation des Adultes, L'Harmattan.

[153] Soit le Conseil général (Aide sociale à l'enfance) qui choisit ensuite un établissement d'accueil pour l'enfant, soit un établissement auquel le juge confie directement l'enfant.

autrement dit de bilans de la situation de l'enfant, en présence de l'enfant lui-même, des parents et des différents intervenants sociaux qui, ensemble, définissent un projet.

> « Le nœud du problème est incontestablement au niveau familial. Le jeune ne veut plus entendre parler de son père. Il ne nous a jamais sollicités pour entrer en contact avec lui, même téléphoniquement. Il privilégie la relation avec sa mère qui, dans les premiers mois du placement, venait lui rendre visite au moins une fois par semaine. Elle lui ramenait alors cigarettes et confiseries, moyen pour elle de garder le lien avec lui. Il a été élevé par ses grands-parents (...). Les retours en famille n'ont jamais été interdits, avec des visites chez ses grands-parents à la demi-journée une fois par semaine, gérées par l'éducateur. Après concertation avec le référent social, il a eu le droit de passer le week-end de Noël chez ses grands-parents. Il s'est très bien comporté. »

> « La mère est très présente auprès de sa fille. Elle a assisté à son accouchement. Mère et fille nous indiquent avoir pris un nouveau départ depuis l'arrivée du bébé. La mère souhaite désormais reprendre sa fille et son bébé chez elle. Ce projet est vivement partagé. La jeune ne veut plus partir en foyer. Elle est soutenue par sa mère dans sa décision. Le service s'étonne de la soudaineté de ce projet, qui demanderait à être confirmé dans le temps. Une audience avec le Juge des enfants étant prévue, il a été négocié avec le service de maternité le report de sa sortie jusqu'à cette audience, afin de ne pas anticiper la décision du juge et permettre à celui-ci de prendre connaissance de ce projet de retour à domicile. »

De temps en temps, des tensions peuvent survenir entre l'accompagnement familial et l'accompagnement socio-éducatif : par exemple, un refus par la famille et/ou le jeune d'adhérer au placement, notamment en fuguant, en se rebellant contre l'établissement, ou en ne respectant pas leurs obligations. À ce moment-là, un règlement amiable est systématiquement recherché. À défaut d'accord, le juge est saisi par le service « gardien » des difficultés rencontrées. Pour autant, l'accompagnement socio-éducatif ne saurait être considéré comme un substitut à l'autorité parentale et à l'accompagnement familial qui en découle.

« Il joue durant des heures à la Gameboy, ne fait pas ses devoirs, et se fait encore aider par sa mère pour sa toilette, sans parler que celle-ci lui coupe sa viande, lui fait son lit. Sa mère accède à toutes ses demandes, ce qui fait de lui un enfant dépendant. Scolarisé en classe de CM1, lors des sorties patinoire, il ne sait même pas lacer ses chaussures. Il n'est pas non plus autonome pour la conduite de ses devoirs : sa mère lui installe ses affaires pour qu'il se mette au travail. »

Ce décalage entre la visée de l'accompagnement socio-éducatif, à savoir l'autonomisation de l'enfant, et les effets produits par l'action du parent, à savoir la dépendance de l'enfant vis-à-vis de ce dernier, invite à re-questionner les rôles de chacun et à ré-ajuster l'action éducative.

« C'est le décalage entre le discours des parents et celui de l'institution. C'est la difficulté d'éduquer sans disqualifier les parents. L'accompagnement socio-éducatif ne remplace pas l'autorité parentale. »

Les difficultés peuvent être liées à la complexité des relations familiales, comme le montre l'exemple suivant.

« Ce sont des parents très mobilisés pour leurs enfants. Ils manifestent leur besoin d'assistance en alertant, au moindre problème. La mère n'hésite pas à téléphoner plusieurs fois par jour pour parler des problèmes qu'elle rencontre. Un grand nombre de travailleurs sociaux gravitent autour de cette situation famille, très complexe. Le père vit actuellement avec la mère du compagnon de son ex-femme. La mère et son compagnon, de quinze ans plus jeune qu'elle, ne vivent pas ensemble. Le jeune supporte difficilement la compagne de son père, envers laquelle il s'est montré violent aussi bien verbalement que physiquement. Il entretient, en revanche, de bonnes relations avec le compagnon

de sa mère. Le peu de fois où il a fugué, il a été retrouvé chez lui. »

Il se peut que l'accompagnement familial soit inenvisageable. C'est le cas lorsque les rôles du parent et de l'enfant sont inversés, à l'issue de quoi c'est l'enfant qui protège le parent, ce qui compromet la cohérence de l'accompagnement qui trouve son sens dans la responsabilité et l'autorité parentales. Les dysfonctionnements familiaux sont parfois tels qu'ils mettent en échec l'accompagnement socio-éducatif. On aboutit, alors, à une fin de la prise en charge de l'enfant, en vue d'une réorientation ou d'un retour à domicile.

« *La mère est dans la victimisation. D'ailleurs, ses enfants la placent en victime, considérant comme normal qu'elle ne les protège pas. À tel point que, maintenant, les aînés prennent le dessus (...). Pourquoi ne pas trancher, en n'envoyant plus les enfants chez elle, avec un courrier au juge ? (...) Les enfants y vont pour lui faire plaisir (...). Quel est le sens d'une rupture totale ? Pourquoi pas un droit de visite dans l'établissement avec des entretiens médiatisés ? (...) C'est fait, l'hébergement a été suspendu. La mère a demandé à voir ses enfants le 24 décembre (...). Ce sont ses enfants qui la protègent. (...). Les rôles ne sont pas identifiés mais confondus, les places ne sont pas posées (...). Une mainlevée a été prononcée pour l'un des enfants. La mère cherche à se débarrasser des aînés pour récupérer les petits.* »

Parfois, l'accompagnement familial est tout simplement inexistant, les parents rejetant leur enfant ou l'abandonnant à son sort.

« *"Ma mère s'installe avec un concubin avec les trois fillettes, et il n'y aura pas de place pour moi". Il y a aussi le fait qu'elle l'ait prise en charge le samedi et qu'elle lui ait dit dans la voiture : "de toute façon, je ne te garderai pas" (...). Et le père ? (...). Il ne veut plus en entendre parler. Il n'a même pas voulu d'un droit de visite. Aucun contact.* »

« C'est une jeune déstructurée, livrée à elle-même. Sur le plan familial, son père ne pouvait l'accueillir car la dame chez qui il vit touche l'allocation de parent isolé. »

UN ACCOMPAGNEMENT MULTIDIMENSIONNEL

Visiblement, les travailleurs sociaux conçoivent l'accompagnement éducatif dans des dimensions à la fois plurielles et dialectiques : affective et distanciée, et singulière et collective.

La double dimension affective et distanciée

L'accompagnement socio-éducatif présente une dimension affective, ancrée dans la nature humaine. Cette dimension nécessite une proximité entre les personnes, en l'occurrence l'éducateur et le jeune.

« La chose la plus importante c'est d'accompagner le jeune. En tant qu'éducateur, il faut être proche de lui. C'est difficile, mais c'est le chemin de l'humanisation. »

Cette proximité favorise la rencontre entre ces deux personnes à condition, toutefois, qu'elles y trouvent un équilibre. Cet équilibre peut être menacé par l'excès de manifestations affectives. Comme si trop d'affection pouvait tuer la relation affective. Pour s'en prémunir, le travailleur social n'hésite pas à mettre de la distance avec le jeune, d'autant que l'absence ou l'insuffisance de distance peut conduire à des dérives. Toutefois, cette distance n'exclut pas le lien affectif dès lors que celui-ci contribue à l'épanouissement du jeune. Surtout, elle ne signifie pas « rupture ». Au contraire, afin d'éviter les ruptures, la continuité du lien est recherchée, notamment en maintenant la même équipe éducative tout au long du séjour, sachant que le lien n'est pas considéré comme un frein à l'autonomie[154].

« La jeune a trouvé, auprès de l'équipe, une sécurité affective qui l'a aidée à reprendre confiance en elle. Toutefois,

---

[154] Nous nous attardons davantage sur cette question dans le chapitre sur le lien.

certaines périodes, qui correspondaient à des moments de passages à l'acte (mise en danger, fugue, scarification..), ont été marqués par des débordements affectifs envers les éducatrices du groupe : câlins intempestifs, déclarations d'amour quotidiennes. Après un réajustement de la distance éducative, la jeune s'est aperçue qu'il ne lui était pas nécessaire d'être dans ce type de débordement pour compter aux yeux de l'équipe, d'autant plus qu'elle se déclare surprise d'être encore "supportée" par les professionnels qui l'accompagnent (...). Le travail éducatif prend en compte la dimension de la sécurité affective, comme un message d'attention (...). La question de l'affectif, de l'engagement se pose car il existe toujours des dérives possibles. Comment mesurer l'affectif ? Que mettre derrière cette notion ? (...) Pour éviter les ruptures multiples, les jeunes qui arrivent conservent la même équipe éducative jusqu'à leur départ. Le lien devient alors un outil de travail. (...) Mais cela ne rend-il pas le départ de l'établissement plus difficile ? (...) Tout dépend comment on travaille l'autonomie, l'autonomie affective. Il existe une progression : l'accueil en semi-autonomie, où on laisse le temps au jeune de se poser, avant la mise en appartement. »

Dès lors, et également à partir du moment où chacune des personnes y trouvent un sens, une relation de réciprocité, d'inter-reconnaissance, peut s'installer.

« Le jeune est au centre de la rencontre, dans le : "tu existes pour moi". On attend des jeunes des comportements adaptés. Ce serait mieux de les aider à faire des choix de vie, de liberté, des choix porteurs de comportements adaptés et de sens, et pas seulement de leur donner des outils (...). C'est l'idée du tuteurage : rester auprès de toi pour te guider. »

Et on retrouve dans cet extrait l'utilisation des termes qualifiant les différentes postures que l'accompagnateur est amené à adopter, à savoir la posture de l'aidant, du tuteur, du guide. Chacune de ces postures étant pertinente au regard de ce qui se joue dans l'instant de la relation intersubjective entre « accompagnant » et « accompagné ».

La relation de confiance dans l'accompagnement fait du travailleur social un confident pour le jeune qui peut se livrer, y compris sur sa vie privée.

« Elle a rapidement noué une relation de confiance avec l'assistante familiale et s'est confiée sur son parcours et ses difficultés relationnelles avec sa mère. »

Ce qui renvoie une fois de plus à la question des limites. Au nom de quoi (statut, compétences, fonction ?) puis-je m'autoriser à entrer, voire à favoriser, cette relation où l'un, vulnérable, se « livre » à l'Autre. Qu'est-ce que cela produit ? En quoi cela est-il légitime d'un point de vue institutionnel et éthique ?

« Par rapport à la tutrice, c'est pareil : "c'est comme ma mère, elle sait tout de ma vie" et vous, vous ne saurez rien ! »

La dimension double dimension singulière et collective

L'accueil et l'accompagnement d'un enfant ou d'un jeune dans une institution questionnent l'articulation de deux dimensions : individuelle et collective. Le collectif est incarné par l'institution, l'équipe éducative ainsi que le groupe de jeunes. Le jeune est amené à y prendre place. Pour ce faire, les travailleurs sociaux prennent appui sur le parcours du jeune. Celui-ci est pris en compte dans la définition et la mise en œuvre du projet « personnalisé » ou « individualisé », où la spécificité de l'existence propre à chaque jeune occupe une place centrale. Cette démarche semble indispensable à la pertinence et à la cohérence de l'accompagnement socio-éducatif.

« Quelle est la place de l'individu dans un cadre collectif ? Quel est le projet individualisé dans l'institution ? (...). L'accompagnement individualisé, oui, mais dans un cadre qui s'impose au jeune, avec des limites qui resteraient à définir (...).Tout doucement, par le biais des activités, le jeune arrive à exprimer et à inscrire son individualité dans le collectif (...). Il faut prendre en compte le vécu du jeune pour apporter des réponses cohérentes. »

> « *Dans le cadre de l'individualisation de l'accompagnement, l'équipe éducative étudie la possibilité pour le jeune de valoriser ses efforts en aménageant des possibilités de sorties supplémentaires, tout en veillant à ce qu'il poursuive ses efforts. C'est la sanction positive.* »

> « *Jusqu'alors accueillie dans un groupe d'adolescentes, la jeune a besoin d'un accompagnement éducatif permanent de proximité (...). La prise en charge est spécifique en raison des différences de profil des jeunes.* »

En conclusion de ce chapitre, nous retiendrons que s'il parait si difficile, voire impossible, pour les travailleurs sociaux de formuler une définition commune de l'accompagnement, c'est bien parce que la spécificité même de l'accompagnement est justement de ne pouvoir se définir une fois pour toutes, en dehors de tout contexte, de tout projet, de tout Sujet. Celui qui accompagne, aide, guide, dirige, décide même à la place de l'Autre, ce qui n'est en rien incompatible avec cette démarche.

L'accompagnement a pour finalité que le jeune se décide, se projette[155], se détermine en tant qu'Humain, en tant que citoyen. Dès lors, si l'on renonce à définir une fois pour toutes ce qu'est, ou pourrait être, l'accompagnement, on ne cèdera pas pour autant à la tentation de le « con-fondre » dans une nébuleuse[156]. Ce qui spécifie l'accompagnement c'est sa complexité, ce sont les multiples paradoxes et tensions qu'il génère et qui le génèrent, c'est sa finalité première, à savoir l'autonomisation, tant vis-à-vis des Autres que du monde et en même temps sa mise en relation (dépendance) vis-à-vis de ces mêmes Autres et du monde. Parler d'accompagnement c'est aussi parler de projet(s), et pas seulement du projet de celui qu'on accompagne, mais aussi du projet de l'accompagnateur, des co-accompagnateurs, projets qui nécessitent d'être eux aussi

---

[155] G. Liiceanu. 1994. *De la limite. Petit traité à l'usage des orgueilleux*. Paris : Éditions Michalon.
[156] M. Paul. 2002. « L'accompagnement : une nébuleuse ». In *L'accompagnement dans tous ses états*. Revue Éducation Permanente. n° 153

conscientisés, élucidés, ré-évalués, re-négociés au regard du projet, « se-faisant », de celui qu'on accompagne[157].

Enfin la question de l'accompagnement ne peut être posée indépendamment de celle de la responsabilité, non seulement au sens juridique mais également au sens éthique et/ou moral. Responsabilité qui, elle aussi, est à interroger à tous les niveaux. Quid de la responsabilité de celui qui accompagne, de celui qui est accompagné et de l'ensemble des partenaires impliqués dans l'action éducative ? Plus la vulnérabilité de celui qu'on accompagne est avérée, ce qui est le cas lorsqu'il s'agit d'enfants, et plus notre responsabilité est assignée[158]. Mais comment penser et agir sa responsabilité individuelle et collective au quotidien dans un environnement de plus en plus complexe, de plus en plus mouvant, où tout s'accélère[159], où les fonctions et les rôles de chacun semblent en perpétuel mouvement ?

---

[157] M. Beauvais, 2009. « Penser l'accompagnement et la formation à l'accompagnement ». In *Accompagnement en éducation et formation : regards singuliers et pratiques plurielles*. Coord. : M. Beauvais, J.-N. Demol. Lille : CUEEP Lille 1. Cirel-Trigone.
[158] Faisant référence ici aux philosophies maximalistes de la responsabilité, par exemple celle d' H. Jonas. 1990. *Le principe responsabilité*. Paris : Flammarion. Cf; Beauvais, M. 2006. « L'accompagnement au prisme de la responsabilité ». In *Pour une éthique de l'intervention. Afin de concevoir le projet, la direction et l'accompagnement en formation*. Coord. M. Beauvais, C. Gérard, J.-P. Gillier. Paris : L'Harmattan.
[159] H. Rosa. *Accélération. Une critique sociale du temps*. Paris : La Découverte.

CHAPITRE III
Éduquer : une histoire de liens

Dans le cadre de ce chapitre, nous allons appréhender la question du lien sous deux angles, nous intéressant à la fois au lien, en tant que ce qui relie un être humain à d'autres êtres humains, participant ainsi à la constitution même du Sujet Humain mais également aux liens qui relient l'ensemble des partenaires de l'accompagnement éducatif.

LE LIEN : DES PERCEPTIONS ET DES CONCEPTIONS PLURIELLES

On ne naît pas Humain, on le devient et ce par l'action des autres Humains envers nous. Au-delà de nous constituer en tant que Sujet Humain, le lien, dans sa nature et dans sa forme, est également révélateur de notre propre rapport au monde et aux Autres. Ainsi, à la fois constitutif de notre subjectivité et en même temps révélateur de notre positionnement dans le monde, le lien pourrait être considéré comme une valeur en soi, une fin en soi. Mais, nous allons le voir, il convient aussi de se « méfier », de se « défier » du lien qui, s'il contribue à notre construction en tant que Sujet singulier, autonome et responsable, peut aussi contribuer à notre assujettissement envers les Autres et envers le Monde. En effet, le lien est tout à la fois ce qui re-lie, ce qui rapproche, ce qui attache, mais il est aussi ce qui enchaîne, ce qui aliène, il participe à l'autonomisation du Sujet comme à son hétéronomisation. Ainsi, la question du lien nous renvoie-t-elle directement à celle de l'autonomie. Qu'est-ce que l'autonomie ?

On sait que tout être vivant, et par conséquent tout être humain est « autonome-dépendant »[160], c'est-à-dire en relation permanente avec un environnement dans lequel et sur lequel il agit et se développe. L'autonomie n'est pas quelque chose de donné, quelque chose d'établi, elle s'acquière à partir d'un milieu extérieur

---

[160] Au sens d'E. Morin, 2004. *La Méthode 6 – Éthique*. Paris : Éditions du Seuil.

et par rapport à lui. Une personne ne peut alors être qualifiée de plus ou moins autonome que par rapport à quelque chose de situé dans son environnement extérieur. L'autonomie en soi, l'autonomie absolue, n'existe pas. Il est inconcevable de penser un être vivant totalement autonome, comme il est inconcevable d'imaginer un être vivant totalement allonome. Une personne autonome sera définie comme une personne « *qui détermine elle-même la loi à laquelle elle se soumet* »[161]. L'homme « plutôt » autonome est un homme qui possède le libre arbitre, qui est apte à agir de manière volontaire, intentionnelle[162] sur les relations qu'il entretient avec son environnement. Bien entendu, ces relations sont aléatoires, c'est-à-dire tout à la fois indéterminées, donc imprévisibles, mais également probables. Le degré d'autonomie d'un individu est alors en relation directe avec le nombre d'options dont il dispose. Moins l'individu disposera d'options (on pourrait dire aussi de connaissances) et plus il sera déterminé par son environnement, autrement dit, plus il subira. À l'inverse, plus l'individu disposera d'options ou de connaissances, moins il sera déterminé par son environnement et par conséquent, plus il sera à même d'agir.

Dans le travail éducatif, veiller au lien signifie veiller à la nature et à la qualité du lien dont on attend qu'il contribue au développement de l'enfant et à son émancipation progressive tant vis-à-vis des adultes auxquels il se lie et se relie (re-lit), que vis-à-vis du monde dans lequel et par lequel il se construit. C'est la raison pour laquelle la question du lien renvoie directement à la question de l'autonomie et avec elle de la responsabilité, l'une et l'autre étant intrinsèquement liées.

À présent, tentons, toujours à partir des discours des travailleurs, de dessiner les représentations du lien. Nous verrons qu'elles sont à la fois plurielles et complexes. Parfois perçu comme un problème, parfois comme une aide, le lien sera appréhendé tant sous l'angle de la rupture que sous celui de la re-construction. On en questionnera ses limites et ses effets.

---

[161] A. Lalande, 1999. *Vocabulaire technique et critique de la philosophie*, Volume I et II. Paris : Quadrige, Presses Universitaire de France.
[162] P. Ricœur, 1990. *Soi-même comme un autre*. Paris : Éditions du Seuil, p. 86-108.

DES LIENS FAMILIAUX PERÇUS DANS LEUR COMPLEXITÉ

Percevoir le lien de manière complexe, c'est à la fois accepter les paradoxes[163] qui lui sont inhérents et accepter de ne pas en cerner toutes les dimensions. Comme nous le verrons dans les extraits choisis ci-dessous, c'est toujours en contexte et au regard de ce qu'il « semble » produire dans une temporalité donnée que le lien sera considéré comme « aidant » ou comme un « problème » par les travailleurs sociaux.

Le lien perçu comme un problème

De façon significative, les travailleurs sociaux évoquent des relations familiales entre l'enfant et ses parents souvent difficiles. Ces relations sont qualifiées tantôt de « mauvaises », de « trop affectueuses » ou d'« ambivalentes ».

« *Les services sociaux interviennent dans la famille depuis 1989 sans que la situation n'évolue. Ils décrivent une mère qui oscille entre laxisme et autoritarisme et une adolescente à la dérive, en rupture scolaire, prédélinquante, agressive et violente avec son entourage.* »

« *Le jeune a peur de l'abandon de sa mère. Il est dans une relation fusionnelle. Il recherche l'exclusivité de celle-ci et s'oppose à la présence d'un éventuel concubin.* »

À plusieurs reprises, la notion de relation fusionnelle apparaît. Celle-ci concerne le plus souvent la mère et son enfant, fils ou fille, chez qui elle génère de la souffrance et/ou provoque de la violence.

---

[163] Précisons avec P. Watzlawick, qu'il y a paradoxe dès lors que ce que l'on affirme de quelque chose fait partie intégrante de ce quelque chose. Cf. P. Watzlawick, 1988. *L'invention de la réalité, Contributions au constructivisme*. Paris : Éditions du Seuil. Voir aussi sur la question des paradoxes Y. Barel, 1993. *Système et paradoxe. Autour de la pensée d'Yves Barel*. Paris : Éditions du Seuil.

Les professionnels interrogent les relations parent-enfant fusionnelles, de type paritaire, où les places et rôles de chacun ne sont pas respectés. Ils les qualifient d'« anormales » parce qu'elles attribuent parfois à l'enfant un rôle d'« enfant roi ». En tentant de l'épargner de toute frustration, le parent ne crée pas les conditions nécessaires à son développement et à sa construction dans une visée d'autonomisation, notamment vis-à-vis de ses parents. Cette question de l'« enfant roi » n'est pas sans faire écho au discours tenu par H. Arendt sur la crise de l'éducation et sur la question de l'autorité. Selon cette philosophe, en abandonnant son autorité, l'adulte refuse d'assumer sa responsabilité du monde dans lequel il a placé l'enfant[164]. Et ajouterons-nous, en abandonnant sa responsabilité il renonce en même temps à « favoriser » son autonomisation et à sa responsabilisation vis-à-vis du monde qui l'entoure. Ce qui ne signifie pas, et c'est le propre de tout système vivant, donc relativement autonome, que l'enfant ne développera pas dans d'autres environnements des comportements plus adaptés.

« Madame a infantilisé son fils avec lequel elle entretient une relation fusionnelle. Par ailleurs, elle l'a laissé se développer en véritable "enfant roi" dans le refus de toute frustration, source pour elle de conflits et de mal être. Par ailleurs dans le cadre scolaire, il se montre parfaitement capable de respecter le cadre posé par l'institution. »

Ces relations fusionnelles conduisent parfois l'enfant à entrer dans une relation de complicité avec l'un des parents et à se liguer contre un autre adulte.

« Monsieur a durant un temps cherché à donner plus de cadre au jeune, cependant il se verra très vite désavoué par Madame. Il arrive alors que mère et fils se liguent contre lui pour ne pas avoir à entendre ses conseils. »

Présentée comme le « nœud du problème », l'absence ou la quasi absence des relations familiales, résultant des conflits et/ou justifiées par des motifs plus ou moins rationnels de l'ordre des

---

[164] H. Arendt, 1972. *La crise de la culture*. Paris : Gallimard.

moyens matériels ou financiers ou encore de difficultés d'organisation, est souvent mise en relief par les travailleurs sociaux.

Parfois, l'enfant est privé autant de la présence de sa mère que de celle de son père, voire des deux en même temps. Il arrive que les contacts soient rompus avec l'ensemble de la famille, y compris les frères et sœurs.

« *Le nœud du problème est incontestablement au niveau familial. Le jeune ne veut plus entendre parler de son père. Il ne nous a jamais sollicités pour entrer en contact avec lui, même téléphoniquement.* »

Paradoxalement, le placement de l'enfant est quelquefois considéré comme l'occasion de faire évoluer positivement les relations familiales.

« *À son arrivée dans l'établissement, il a fallu très tôt gérer des problèmes de comportement. Cet adolescent supporte mal la rupture avec l'ensemble de sa famille, à l'audience il était dans le déni complet de vouloir renouer des liens avec sa mère vivant en caravane. Il a très vite changé d'avis et a souhaité pouvoir bénéficier de droits d'hébergement chez elle.* »

Le lien perçu comme aidant

Mais les relations familiales ne se présentent pas toujours de façon déstructurée. Dans d'autres cas, l'enfant entretient des relations régulières et sereines avec l'ensemble de la cellule familiale. Ces relations peuvent prendre des formes diverses, en présence ou à distance, visites, hébergements mais aussi, conversations téléphoniques ou courriers.

« *Les retours en famille du jeune n'ont jamais été interdits. Ce fut d'abord des visites notamment chez ses grands-parents à la demi-journée une fois par semaine et gérées par l'éducateur. À Noël après concertation avec l'ASE [l'Aide Sociale à l'Enfance], il a eu droit de passer le week-end de Noël chez ses grands-parents. Il s'est très bien comporté. Le seul souci s'est situé dans le retour au foyer.* »

Si le maintien du lien s'affiche comme un désir partagé, ou du moins énoncé comme tel, par l'ensemble des parents, exceptionnellement il peut être à l'initiative de l'un d'eux, parfois même résulter d'une action volontaire relativement coûteuse.

« *Sa mère, qui habitait loin de l'établissement, a déménagé pour se rapprocher de sa fille et la voir plus souvent.* »

L'évaluation de liens constructifs faisant partie intégrante du travail éducatif, la reprise des relations sera considérée comme l'un des indices de l'évolution de sa situation. Dans ce cadre, l'institution joue un rôle central. Elle constitue, un tiers, un « no mans' land ». Elle favorise la neutralisation des tensions, des conflits et régule les interactions entre l'enfant et sa famille.

« *Depuis son arrivée à la maison d'enfants, le jeune a repris des contacts réguliers et cordiaux avec son père, alors qu'à l'arrivée il y avait rupture de lien.* »

« *Monsieur est aujourd'hui fier de sa fille, de ses progrès, de son investissement en formation, il est capable de lui faire confiance, il le verbalise.* »

Le rapport au lien du travailleur social

C'est principalement les travailleurs sociaux eux-mêmes qui cherchent à « construire », « ouvrir », « maintenir » ou encore « restaurer » des liens.

La préservation, la stabilité et le renforcement du lien représentent un objectif permanent. On sait le rôle joué par le lien dans la re-connaissance et la valorisation de soi pour tout un chacun et plus spécifiquement dans le processus d'autonomisation de l'enfant, processus qui ne peut se mettre en œuvre que sur de longues temporalités.

« *Pour reprendre sur le thème du lien, c'est dans le projet de l'établissement que des décisions ont été prises. Pour éviter ces multiples ruptures lors des changements de groupes, les jeunes qui arrivent dans les groupes d'adolescentes conservent la même* équipe éducative jusqu'à leur départ. Le lien devient alors un outil de travail. »

« Ça fait 6 ans qu'on travaille sur cette situation en maintenant le lien. Ce serait dur de dire stop. »

« C'est alors à l'éducateur de proposer quelque chose qui va combler ce vide de la rupture. Ça, c'est notre boulot. »

Le rapport au lien de l'enfant

Dans une moindre mesure, l'enfant peut aussi être en quête de liens, les « désirer », les « retisser », par exemple en donnant des nouvelles ou en se confiant. Il s'engage alors dans une démarche en vue de se rapprocher des adultes, « de se racheter à leurs yeux ».

« Quand la visite se termine pour le jeune, il y a un rituel. Dans la salle d'attente, il y a un distributeur. Il remplit un gobelet d'eau et le donne à sa mère, à l'assistante familiale…En faisant se geste il montre qu'il n'oublie personne. Lui, il est au centre, il distribue et tous les adultes sont répertoriés. »

Le rapport au lien du parent

En dehors de la démonstration matérielle, les parents expriment généralement leur attachement par une opposition au placement et parfois par des revendications.

« La mère est contre. Elle dit que tout va mieux : "il va à l'école, ça se passe bien à la maison ; si vous vous acharnez, il va fuguer, déprimer et se mettre en danger". Le problème pour nous est de faire exécuter la décision de justice. Malgré la décision de placement en avril 2005, un an plus tard, l'enfant n'est toujours pas confié. »

Le rapport au lien du juge

Quand les magistrats privilégient le maintien des liens familiaux, ce n'est pas sans effets sur la démarche éducative.

L'équipe éducative doit repenser en permanence son action auprès de l'enfant en prenant en compte des ruptures, des événements qui échappent en partie à sa propre lecture. Les retours ponctuels au domicile des parents génèrent des écarts, des paradoxes, sur lesquels les professionnels s'appuieront pour accompagner l'enfant dans son cheminement, dans sa construction.

> « *Même si, dans la structure, on posait les choses, on ne pouvait plus agir. Il retournait dans la famille où il n'y avait plus de lois, avec un nouveau jeu qui s'installait, d'où la difficulté du partenariat. La famille fonctionne toujours en toute impunité. Il y a eu une rupture entre le jeune et sa famille. Pourtant, les droits de visite ont été réactualisés. Ça ne peut pas coller. Il faut trouver des moyens pour travailler dans la transversalité. Il faut s'autocritiquer.* »

La décision du juge de maintenir le lien ne se traduit pas toujours dans les faits.

> « *Depuis la séparation il y a huit ans, le père est absent et son fils ne veut pas le voir. Pourtant l'ordonnance de placement lui accorde un droit de visite et d'hébergement, qu'il n'exerce pas. Il se retranche derrière la décision de son fils.* »

DE LA RUPTURE À LA RE-CONSTRUCTION DES LIENS

Comme nous l'avons souligné en introduction, le lien n'est pas « bon » par nature. Il peut contribuer à l'action éducative de manière favorable ou consister en un véritable frein au travail éducatif. Aussi, le lien fera l'objet de déconstructions, de ruptures, de reconstructions et ce, à l'initiative des différents acteurs impliqués dans la relation éducative.

La rupture et le travailleur social

Du point de vue de certains professionnels, la rupture des liens peut paraître comme nécessaire, notamment lorsque la relation avec les parents est perçue comme dommageable.

« *Le juge tient à maintenir le lien, pourtant l'absence de castration produit une jouissance permanente de la mère. Les coupures entre mère et enfant ne sont peut-être pas données avec le tranchant nécessaire, une castration forte : 6 mois sans sa mère. Si elle le voit tous les 15 jours, on réactive les choses. Elle empoisonne sa vie.* »

« *Il aurait fallu bousculer la justice, les tribunaux, les magistrats et l'Éducation nationale pour enlever le lien fraternel.* »

La rupture de liens avec l'institution fait intrinsèquement partie du travail éducatif (P. Fustier, 2005). Toutefois, cette rupture doit être comprise comme un départ, lié à l'âge ou aux situations. Elle n'implique pas une rupture avec des personnes et des lieux. Le lien ne peut s'inscrire dans une temporalité prédéterminée, les lieux et les personnes appartiennent à l'histoire de l'enfant.

La rupture et l'enfant

On ne peut pas dire que l'enfant cherche la rupture. Quand il semble mettre le lien en jeu, c'est dans la plupart des cas pour le tester. On parlera alors davantage de provocation.

« *La jeune arrive avec l'image d'une jeune fragile, tourmentée, intelligente, parfois avenante et réfléchie mais aussi opposante à toute autorité et frustration. Elle est capable de revendications brutales, elle peut passer de l'agitation à la sérénité et du rire aux larmes. Elle entretient des relations affectives mais essaye continuellement de provoquer la rupture.* »

« *La jeune est déçue, braquée, sa frustration est grande et elle ne veut pas discuter puisque "plus rien n'a d'importance". Elle ira jusqu'à préparer ses sacs pour partir mais finira par revenir pour discuter.* »

La rupture et le parent

En général, les parents en trop grande difficulté et souffrance dans l'exercice de leur fonction parentale ne pourront se résoudre à l'admettre et à l'avouer, ou peut-être et surtout à se l'avouer. Leur seule échappatoire sera alors le « dédouanement » par l'attribution de la responsabilité de la rupture à l'enfant. On pourrait reconnaitre ici quelque chose de l'ordre de la « mauvaise foi » sartrienne[165]. Le parent, conscient des responsabilités qu'il a à assumer et en même temps conscient de son incapacité à les assumer, et ce pour de multiples raisons, va se mentir à lui-même à toutes fins de ne pas ressembler au « mauvais » parent qu'il ne veut surtout pas être. Sa « mauvaise foi » consiste alors à « refiler »[166] à l'Autre, en l'occurrence à l'enfant, la responsabilité de ce qui lui revient mais qu'il ne peut assumer en justifiant ses choix de la manière la plus « convaincante » possible.

« La mère nous dit qu'elle va solliciter le maintien du placement. De son côté, la jeune nous dit que sa mère n'a jamais voulu d'elle et qu'elle lui avait dit ne plus souhaiter la reprendre. La mère justifie son choix en disant que sa fille ne respecte rien chez elle et que ce serait une erreur de la reprendre. »

« Le père ne veut plus en entendre parler. Il dit que sa fille a cassé des choses. Il n'a même pas voulu d'un droit de visite. Aucun contact. »

Les relations parents-enfants sont rarement qualifiées par les travailleurs sociaux de positives. Néanmoins, quand elles le sont, elles ne concernent en général qu'une partie de la famille et parfois même au détriment de la cellule familiale dans son ensemble.

« Le jeune supporte difficilement la compagne de Monsieur. Il a déjà été violent aussi bien verbalement que physiquement envers elle. Il entretient, en revanche, de très bons contacts avec

---

[165] J.-P. Sartre, 1943. *L'être et le néant. Essai d'ontologie phénoménologique.* Paris : Gallimard.
[166] P. Corcuff, 2002. *La société de verre. Pour une éthique de la fragilité.* Paris : Armand Colin.

l'ami de sa mère. Les rares fois où il a fugué, il a été retrouvé chez ce Monsieur. »

« Le jeune était alors resté chez sa grand-mère maternelle. Puis Monsieur et Madame ont décidé de le reprendre, ce que la grand-mère maternelle a très mal vécu (...) Il a une relation privilégiée avec sa grand-mère maternelle qui cède à tous ses caprices. »

« Depuis son arrivée à la maison d'enfants, la jeune a repris des contacts réguliers et cordiaux avec son père, alors qu'à l'arrivée il y avait rupture de lien. Monsieur a toujours pris à cœur son rôle de père et l'a suivie dans les démarches pénibles ; conseil de discipline, plaintes extérieures. »

Lorsque ce choix est réellement le choix de l'enfant qui volontairement décide de privilégier certains membres de la famille plutôt que d'autres, on peut le considérer comme un témoignage du développement de l'enfant et de son autonomisation. En effet, et si l'on se réfère aux conceptions de l'autonomie des systèmes vivants, on considérera que l'autonomisation consiste, entre autres, à multiplier ses choix, ses options[167].

Les liens entre enfants et travailleurs sociaux

Les liens entre enfants et travailleurs sociaux se présentent sous une double forme, à savoir celle de l'attachement et/ou de la distanciation.

L'attachement

Quand il parle de lien constructif entre lui et l'enfant, le travailleur social utilise souvent le vocable d'attachement. La

---

[167] Cf. H. Von Foerster. 1988. *« La construction d'une réalité »*, p. 45-69. *In L'invention de la réalité. Contributions au constructivisme.* Dir. P. Watzlawick. Paris : Éditions du Seuil. H. Von Foerster qui, dans une conception constructiviste de l'Humain, propose un impératif éthique : *« agis toujours de manière à augmenter le nombre des choix possibles.»*, 1988, p. 69.

relation d'attachement doit donc être comprise, non pas comme une relation fusionnelle, mais comme une relation au sein de laquelle deux personnes, à savoir un enfant et un adulte se « re-lient » et ce, dans un objectif d'éducation. Ce qui signifie que chacun a sa propre place et qu'il est de la responsabilité de l'adulte de permettre à l'enfant de bien repérer la place qui est la sienne et de bien comprendre celle prise par l'adulte.

C'est ainsi que la relation dite d'attachement va se fonder sur la confiance réciproque. Cette même confiance qui contribuera à la qualité de l'accompagnement éducatif.

« Ce jeune se montre très à l'aise avec l'adulte. Il parle plus, exprime davantage ses idées, ses désirs, ses souhaits. Il aime également plaisanter avec l'éducateur. »

Comprenons qu'il ne s'agit pas de faire du lien d'attachement une finalité en soi, mais bien de l'utiliser en tant qu'outil éducatif et à ce titre de rester vigilant face aux possibles dérives et/ou aux effets contre-productifs. En effet, cette relation, comme d'ailleurs toute relation interpersonnelle, comporte des risques (fusion, transfert). Risques qu'il incombe à l'éducateur de prendre en compte en étant attentif à l'évolution de la relation et en veillant à l'élucidation des limites liées à l'objectif éducatif. Il s'agira par exemple de rappeler chaque fois que nécessaire les places et rôles de chacun. Cette co-élucidation de la relation est indispensable à la construction de l'enfant. Rappelons qu'il ne peut y avoir d'autonomisation que dans un environnement contraignant et que ces contraintes doivent être non seulement élucidées mais aussi acceptées[168]. On ne peut prendre sa place que dans la mesure où l'on repère les places des Autres. En aidant l'enfant à repérer les formes et les limites de la relation, on l'aide également à prendre confiance en lui et en l'Autre. Par ailleurs, et comme le souligne

---

[168] Sur la question de la responsabilité de l'accompagnant : Beauvais, M. 2006. « L'accompagnement au prisme de la responsabilité », p. 173-189. In *Pour une éthique de l'intervention. Afin de concevoir le projet, la direction et l'accompagnement en formation*. Dir. : M. Beauvais, C. Gérard, J.-P. Gillier. Paris : L'Harmattan.

Michela Marzano[169] la peur survient là où on ne voit pas bien les formes, là où ne repère pas bien les limites, et face au sentiment de peur la réaction peut être la recherche de protection mais aussi la fuite, le repli sur soi ou encore la violence.

« Les jeunes disent : "c'est mon éducateur". Ils se l'approprient. »

« En mai et juin 2006, dès son arrivée dans l'établissement, la jeune met le cadre à l'épreuve (...), par des passages à l'acte d'une réelle violence, elle réclame l'exclusivité de l'adulte. »

« La jeune, auprès de l'équipe, a trouvé une sécurité affective qui l'a aidée à reprendre confiance en elle. Toutefois, certaines périodes qui correspondaient à des moments de passages à l'acte (mise en danger, fugue, scarification..), ont été, en parallèle, marqués par des débordements affectifs envers les éducatrices du groupe, câlins intempestifs, déclarations d'amour plus que quotidiennes. Après un réajustement de la distance éducative, elle s'est aperçue qu'il ne lui était pas nécessaire d'être dans ce type de débordement pour compter aux yeux de l'équipe, d'autant plus qu'elle se déclare surprise d'être encore "supportée" par les professionnels qui l'accompagnent. »

Le lien d'attachement suppose aussi une démonstration de marques d'affection. Ainsi, tout en étant conscient des risques inhérents à la relation éducative, l'éducateur ne se limitera pas à un rôle de « censeur ». Il exprimera également, et là encore chaque fois que nécessaire, des marques d'affection et ce, sans frilosité. Ceci nécessite une évaluation de ce qui se passe, de ce qui se joue, et une lucidité sur la « bonne distance », la « juste distance » à mettre en place. Cette juste distance n'est jamais juste en soi. Elle est à re-penser et à ré-ajuster en permanence au regard de ce qui émerge dans

---

[169] Marzano M. 2010. *Visages de la peur*. Paris : Presses Universitaires de France.

l'instant de la relation[170] et de la visée éducative. Ce qui autorise des rapprochements comme des éloignements.

> *« Quoi que tu fasses, on ne te laissera pas te détruire et tu nous trouveras toujours sur ton chemin ; tu comptes pour nous »*

Ainsi, l'éducateur ne perd pas de vue que le travail éducatif prend en compte la dimension de la sécurité affective. Mais cette recherche de sécurité affective ne se traduira pas uniquement par des marques d'affection. La sanction sera aussi un moyen de faire passer un message d'attention avec un préalable toutefois : la relation éducative doit être posée *a minima*.

> *« Tout dépend comment on travaille l'autonomie, l'autonomie affective. Il existe une progression dans l'établissement : l'accueil en semi autonomie avant la mise en appartement, ou l'accueil dans ce groupe où on laisse le temps à la jeune de se poser. C'est une manière différente de traiter les situations. Avant de passer par la sanction, il faut qu'il y ait quelque chose d'établi dans la relation éducative. Dans une notion de respect et dans la mission d'accompagnement, il s'agit de frustrer pour aider. »*

Et on retrouve une fois encore une conception de l'autonomie qui s'inscrit bien dans une pensée « complexe »[171] L'autonomie est relative et dépendante, l'autonomie totale n'existe pas, l'absence totale d'autonomie non plus. L'être humain acquiert son autonomie par rapport à quelque chose et/ou quelqu'un et dans un environnement sur lequel il agit. On ne prétend en aucun cas « rendre autonome ». On se contente de penser les conditions susceptibles de favoriser le processus d'autonomisation de l'enfant ou du jeune en étant attentif aux temporalités et en veillant à établir et renforcer une relation de confiance.

---

[170] Sur la question de la « juste distance » : M. Beauvais, 2004. *Des principes éthiques pour une philosophie de l'accompagnement*, p. 98-113. Savoirs. Revue Internationale de recherches en éducation et formation des adultes.
[171] Au sens d'E. Morin, 1990. *Introduction à la pensée complexe*. Paris : ESF Éditeur.

C'est ainsi qu'on relève deux questions récurrentes dans le discours éducatif :

« Comment mesurer l'affectif ? Que mettre derrière cette notion ? »

Il semble qu'au-delà de la « juste distance », il convient également de penser à la juste mesure qui consiste à « doser » ces deux postures et ce, toujours au regard d'une finalité éducative.

La distance

Et c'est là que la question de la « bonne distance » mérite un développement. Quand elle se pose, ce peut-être :

- En raison de l'opposition de l'enfant, notamment lorsque ce dernier refuse de solliciter l'éducateur ou rejette formellement son aide.

« Dans le même temps, l'équipe éducative se rendait compte de l'attitude de toute puissance qu'adoptait la jeune : pas de partage, agressivité autant envers les jeunes qu'à l'encontre des adultes, ne supportant pas qu'on lui renvoie une vérité ou qu'on temporise une réponse ou encore qu'on oppose un refus à ses demandes. »

- À l'initiative du travailleur social, lorsqu'il repère l'amorce d'une dérive et choisit de ne pas satisfaire à la demande de l'enfant. Il se repositionne alors comme un tiers.

« Quand tu mets de la distance, tu empêches la manipulation. Ici, il avait trouvé du cadre, un espace où il pouvait jouer autre chose que la manipulation et la perversion. »

DES LIENS A CRÉER ET À CONSOLIDER

Les relations interpersonnelles, qu'elles soient ou non familiales, si elles sont nécessaires à l'émergence de liens, ne les garantissent pas. Il revient aux éducateurs de repérer des outils susceptibles de contribuer à la création et au maintien de liens. Parmi ces outils, on peut retenir les limites, les sanctions et les biens matériels.

Les limites

Les limites ce sont les « règles », les « lois », le « cadre » qui apparaissent en toile de fond. Autrement dit, les liens n'empêchent pas les limites qui servent de « repères » et ce, que les enfants les comprennent et/ou les intègrent ou non.

« Quand on donne des limites à un enfant, le plus important c'est la manière de le dire, sans le justifier, surtout pas. La chose la plus importante c'est de l'accompagner. En tant qu'éducateur, il faut être proche. C'est difficile mais c'est le chemin de l'humanisation. Ainsi, des passages à l'acte peuvent être différés. »

Les limites ne sont jamais posées une fois pour toutes. Elles sont à évaluer, à co-évaluer en équipe pluridisciplinaire et à réajuster en permanence. Il importe de prendre en compte les singularités et l'évolution des situations. Par ailleurs, ces limites ne peuvent être pensées que dans des temporalités plus ou moins longues.

« Progressivement, la cohérence du cadre a permis une évolution. Même si elle est régulièrement dans le passage à l'acte et la provocation, elle a fini par trouver dans ce groupe un point d'ancrage qui la rend plus "accessible". La permanence du lien, les réponses systématiques et plurielles mais toujours concertées face aux actes posés ont déstabilisé son fonctionnement. »

Une fois décidées en équipe, les limites, dès lors qu'on les considère en tant qu'outil au service du travail éducatif et notamment du maintien du lien, n'acceptent aucune discussion. Elles sont à respecter par l'ensemble de l'équipe. Bien sûr, elles peuvent être repensées mais toujours dans des temps d'évaluation formalisés.

« Si tout le monde suit la règle, il n'y a pas de bons ou de mauvais éducateurs. Les jeunes ont besoin de repères. Un jeune

venant d'une institution où il était leader, a voulu tester et s'est fait bousculer chez nous. En concertation, il a dit "Je suis bien parce qu'on me met des limites". Ce genre de repères peut prendre des formes différentes, mais quand ils sont validés, on ne les remet pas en cause. On adapte mais on ne discute pas le fond, sinon ça deviendrait le casse-tête chinois. C'est bête et méchant. »

Toutefois, si les limites s'avèrent être un outil pertinent pour assurer le maintien du lien, il ne suffit pas de les poser uniquement en institution. C'est là que les parents sont sollicités en tant que relais de la prise en charge éducative et accompagnés dans la mise en œuvre de limites propres à leur environnement.

« Le jeune semble en difficulté dans la relation duelle lorsqu'il est confronté à des limites claires. Pour grandir harmonieusement, il a besoin d'un cadre structurant et a besoin d'être confronté à la frustration. Ce que Madame et son fils reconnaissent d'ailleurs aujourd'hui. Le travail d'AEMO s'oriente essentiellement dans ce sens. Madame a peur que la frustration qu'elle pourrait générer chez son fils lui cause du tort et le rende malheureux. Ayant eu une conduite maltraitante envers les aînés, elle ne veut pas le reproduire avec lui et tombe dans l'excès inverse. Depuis peu, Madame, tenant compte de nos conseils, dit ne plus céder aux caprices de son fils. Elle semble s'apercevoir que celui-ci en grandissant est difficilement gérable et qu'il est maintenant temps de lui imposer des limites pour son bien. »

Les sanctions

Les sanctions sont regardées comme un « moyen de créer du lien » ou, à tout le moins, comme quelque chose qui « ne casse pas le lien ».

« Il est donc indéniable de constater que depuis son arrivée dans l'établissement où on lui a imposé un cadre de vie avec des règles d'éducation. Il a évolué positivement et se reconstruit un peu plus chaque jour. Il communique plus facilement en sachant

qu'il a encore des efforts à faire. Son projet professionnel se dessine, il a su exprimer son désir. »

Les contraintes, comme les limites sont nécessaires à l'action éducative, à condition toutefois que leur pertinence soit évaluée par l'adulte. En effet, il arrive que l'enfant recherche la sanction, celle-ci se présentant à lui comme le seul moyen pour communiquer avec l'adulte, pour être reconnu.

« *Pour certains enfants, cela représente un moyen de créer du lien. Ce jeune a besoin de beaucoup de repères, qu'on lui remette les pendules à l'heure. Il fait tout pour être sanctionné, pour être en lien avec l'adulte et se racheter à ses yeux. Il a besoin d'entendre dire pourquoi il a été sanctionné. Cela l'aide à grandir.* »

Il arrive également que les parents essaient de « refiler » la responsabilité de la sanction à l'éducateur. Ainsi, se pose une fois de plus la question du relais. Il importe que les sanctions comme les limites entrent dans le processus de responsabilisation des parents.

« *Il ne faut pas le renvoyer (à la maison le prochain week-end) car il n'a pas été sage, il faut que vous le punissiez* ».

« *Madame a peur que la frustration qu'elle pourrait générer chez son fils lui cause du tort et le rende malheureux. Ayant eu une conduite maltraitante envers les aînés, elle ne veut pas le reproduire avec lui et tombe dans l'excès inverse. Dire "non", c'est être mauvais avec les enfants, donc ils préfèrent déléguer. C'est ambivalent. La punition, c'est en dehors de la maison ; ici : "si tu es sage, tu auras tout". C'est le problème de la déresponsabilisation.* »

Là encore, la sanction, au même titre que les limites, pose la relation éducative comme préalable. Assumer sa responsabilité de parent demande de gérer les sentiments de peur et de courage présents et souvent mêlés dans toute situation de prise de décision. « L'autorité a été abolie par les adultes et cela ne peut que signifier une chose : que les adultes refusent d'assumer la responsabilité du monde dans lequel ils ont placé les enfants »[172].

> *« Les sanctions ont été posées dès le départ. À chaque écart, il y avait une sanction. On n'avançait pas. On s'est aperçu d'une dégradation : accumulation d'agressions, feu aux poubelles, usage de stupéfiants. On a continué le dialogue en lui renvoyant des choses. Elle avait du mal à les encaisser mais elle était obligée de les accepter. La prise de conscience est arrivée avec le stage de citoyenneté comme une ouverture pour le changement. Il y a eu une action combinée des sanctions posées petit à petit, l'arrivée de la prise de conscience avec le stage de citoyenneté posant une limite, une épée de Damoclès et le changement d'implantation scolaire. Elle sait qu'il y a des sanctions en cas d'agissements. Souvent elle réagit par des injures... Maintenant, elle accepte en claquant la porte. Elle se calme et quand elle est posée, on reprend et en général, elle sait que c'est logique. Elle sait qu'elle peut se reposer sur nous pour savoir jusqu'où elle peut aller. C'est une question de confiance. »*

La prise en compte des temporalités est un élément fondamental. En négligeant cet élément on ne favorise pas chez l'enfant la compréhension et l'intégration des limites, on ne lui permet pas d'accéder au sens des sanctions.

Les biens matériels

Souvent les parents ne disposent d'autres options pour démontrer leur affection à leur enfant que le bien matériel, en général répondant directement aux exigences et/ou attentes supposées de l'enfant. Ainsi, l'enfant apprend que recevoir un objet, un cadeau, est une preuve d'amour.

> *« Il privilégie la relation avec sa mère qui dans les premiers mois du placement venait lui rendre visite au moins une fois par semaine. Elle lui ramenait alors cigarettes et confiseries, moyen pour elle de garder le lien avec lui. »*

---

[172] H. Arendt, 1972. *La crise de la culture.* Paris : Gallimard, p. 244.

Et cette preuve d'amour doit lui être témoignée régulièrement.

« *Aujourd'hui, il est dans l'exigence. Pour lui, c'est quelque chose de normal d'avoir régulièrement des jouets, des cadeaux, des vêtements...* »

Pour les parents, c'est aussi une question de reconnaissance dans un rôle social dont ils se font une représentation stéréotypée : « Si je donne à mon enfant ce qu'il désire, je suis un bon parent » et à l'inverse : « Si je ne donne pas à mon enfant ce qu'il désire je suis un mauvais parent. » Ce qui se joue ici est de l'ordre de la culpabilité associée au sentiment de crainte du jugement d'autrui.

« *Face aux comportements des enfants, Madame cède. Elle se veut être une mère à qui on ne reproche rien. Madame explique également qu'elle ne veut pas que sa mère lui reproche quoique ce soit par rapport aux enfants. Madame et Monsieur comblent les enfants sur le plan matériel. Pour Monsieur, c'est normal. Aujourd'hui, Madame devance les demandes des enfants et leur offre sans cesse des cadeaux ou des vêtements.* »

Devancer les attentes des enfants comporte à terme le risque d'éteindre le désir, le rêve, la capacité à se projeter, à se construire[173].

L'ENFANT ET L'EFFICIENCE DU LIEN

La qualité des liens est le fondement du travail éducatif. Elle constitue le critère fondamental dont la satisfaction confirme la pertinence et l'efficience de l'action éducative.

« *La difficulté de cette jeune, ses problèmes relationnels mettent constamment en échec l'institution. L'équipe est désarmée(...) Elle reproduit un schéma de toute-puissance dans l'institution, en particulier par rapport aux femmes. Elle peut être très violente et très destructrice, avec l'échec au bout. Elle ne trouve pas son cadre.* »

---

[173] Cf. Boutinet, J.-P. 2004. *Psychologie des conduites à projet*. Paris : Presses Universitaires de France.

Comme nous l'avons précédemment évoqué, l'action éducative se fonde sur le lien. Dans un contexte élargi, il participe également au processus d'accompagnement dont il constitue une des finalités essentielles. Aider l'enfant à se construire en tant que futur adulte autonome et responsable c'est favoriser l'émergence de capacités relationnelles qui lui permettront d'assumer les différents rôles sociaux dans lesquels il aura à s'inscrire. Dans le cas des centres maternels, c'est, entre autres, à partir de la relation mère-enfant que le travail éducatif sera pensé et agi.

« *La relation affective entre la jeune et son bébé est bien présente. Le discours éducatif dans lequel elle se projette concernant son enfant est cohérent, elle a conscience de son devoir de protection, de sa responsabilité et aussi de la nécessité de poser un cadre et des limites. Son attachement à l'enfant l'a aidée à se poser au sein de l'établissement, elle n'a commis aucun acte visant à la mettre, elle ou son bébé, en danger et a su respecter le contrat des "3 mois sans fugue" passé avec le Juge des enfants lors de l'audience.* »

Le lien et le collectif

En institution le lien se co-construit en permanence dans la micro-société constituée par le groupe d'enfants. Ici, chacun se construit en participant à l'évolution de l'Autre et des Autres. Les manières de s'intégrer dans le groupe, pour un même enfant, peuvent prendre des formes variées.

« *On imagine le pire quand elle est dans un état de violence. Elle refuse de laver les assiettes des autres filles. C'est chacun pour soi. À côté de ça, elle sert tout le monde, "qui veut quoi" ? C'est quand elle l'a décidé. Mais ça porte ses fruits. Elle est beaucoup moins dans la manipulation aujourd'hui. Tout doucement, par le biais des activités, elle arrive à mettre son individualité dans le collectif.* »

« *Comme on pouvait s'en douter, l'intégration de ce jeune est périlleuse, il fugue régulièrement durant les premiers temps du placement. Dans l'établissement, il est confronté à des règles de vie très structurées auxquelles il est tenu de se plier. Pour lui ce n'est pas facile. Il a le comportement d'un enfant gâté qui n'a pas l'habitude qu'on lui dise non. Il se montre égoïste et possessif. Il n'a pas la notion de partage. Il jalouse parfois les relations de l'éducateur avec les autres jeunes. La vie en groupe lui est difficile et il a de ce fait beaucoup de mal à s'y adapter. Avec ses camarades il a tendance à adopter une attitude hautaine et un discours prétentieux, ce qui les agace beaucoup. Indéniablement, il se retrouve mis à l'écart. Il est pris comme bouc émissaire puisque son attitude égoïste ne l'amène pas à se faire de "vrais" camarades. Il se montre vulnérable. Il achète alors son indépendance et sa tranquillité à grands renforts de confiseries dont il est friand et de cigarettes. C'est sa maman qui le fournit très régulièrement chaque semaine. Cela lui permet de se protéger et de mettre ainsi un terme aux pressions physiques à son encontre. »*

Le lien et la question du départ

Le travail éducatif autour des liens familiaux a également pour finalité de préparer le départ de l'institution. Pour certains enfants, c'est à cette condition que la mainlevée de placement peut commencer à s'envisager.

« *La conviction de la jeune et de sa mère quant à un réel changement dans leur relation est telle que le service propose la mise en place de droits d'hébergements chaque week-end chez la mère ainsi que pendant les vacances scolaires pour évaluer le bien fondé d'une mainlevée de placement à l'issue de ces trois mois.* »

Parfois, la mainlevée s'impose à l'équipe éducative. La pluralité des avis recueillis par le magistrat fonde cette décision.

« *La mainlevée, c'est une situation de fait. On peut être inquiet pour lui mais c'est la limite de notre intervention. La réponse est peut-être dans l'ordonnance, si le juge a notifié qu'à 17 ans et demi la mainlevée était justifiée.* »

Le lien et l'élaboration du projet

C'est, entre autres, la qualité des liens qui permettra au jeune d'entrer progressivement dans une démarche de projet, d'autonomisation et de responsabilisation.

« *Elle souhaite poursuivre la démarche engagée afin de préparer au mieux sa majorité en juillet. Un passage sur le groupe autonomie est déjà envisagé, ceci afin de préparer le contrat "jeune majeur" qu'elle souhaite mettre en place.* »

Idéalement l'élaboration du projet devrait s'inscrire sur des temporalités plus ou moins longues, accompagnées d'expériences diversifiées au regard des singularités de chacun.

« *On a essayé mais c'était trop tôt. Il faut savoir attendre. On est dans une période où il se pose, une phase de latence, d'errance, de recherche. Quand ça mûrit, on cadre un peu plus : ANPE, etc. On ne met pas d'échéances, de temps. Avec un jeune, pendant un an, on n'a rien fait. Et puis, maintenant, il est en stage et retourne chez lui. Socialement, il a franchi une étape. Mais le contexte n'est pas facile pour les jeunes.* »

« *Ce sont des "appartements tests". Les jeunes y font un séjour de deux semaines à un mois. Il s'agit d'une expérimentation avec un suivi du service éducatif des appartements mais aussi de celui de la structure d'origine.* »

Cependant, le contexte socio-économique actuel impose aux professionnels une prise en compte de nouvelles contraintes.

« *Au niveau institutionnel, il y avait un temps où l'objectif était de "déterminer" le projet du jeune. Aujourd'hui, à 18 ans, si on n'a pas de début de projet concret, ça ne passe pas. Les "deniers publics" doivent être utilisés à bon escient. C'est pour ça que, dès à présent, il faut la mettre face à ses responsabilités. Elle seule a les clés du contrat "jeune majeur".* »

Certains vont au-delà du projet initial.

« Elle a été confiée à la Maison d'Enfants, à l'origine dans le seul objectif de favoriser le retour au domicile de Monsieur, dans l'attente de conditions d'accueil adaptées. Malgré des débuts difficiles, elle a su investir sa mesure de placement, en dépassant l'objectif initial pour construire son projet. »

LES LIENS DANS LE PARTENARIAT

À présent, toujours au prisme du lien, ou plus précisément cette fois-ci *des* liens, tentons de rendre compte de l'environnement partenarial tel qu'il est perçu et agi par les équipes éducatives.

Des conceptions et des représentations de l'environnement partenarial

Nous allons nous appuyer sur des représentations graphiques réalisées lors de séances de « recherche-accompagnement » par les travailleurs sociaux. En effet, à toutes fins de co-élucider leur propre environnement partenarial, ces derniers ont été invités à en rendre compte sous forme d'un schéma représentant au mieux les places et rôles de chacun, ainsi que les formes et la nature des relations entretenues entre les partenaires et avec l'équipe éducative. Le travail s'est réalisé en sous-groupes de quatre à six personnes, chaque groupe étant composé de travailleurs sociaux d'origine institutionnelle ou de statuts différents (AEMO, Conseil Général, Maison d'Enfants, éducateurs, moniteurs éducateurs, chefs de Services, directeurs…).

À l'issue de ces séances de travail huit schémas ont été produits. Ils se présentent sous des formes variées et leur contenu apparait plus ou moins différent en fonction des réalités vécues par les éducateurs composant chaque groupe de travail. Néanmoins, ces huit schémas offrent une représentation de l'environnement partenarial sous forme d'un dessin vivant, se présentant sous la forme d'un « escargot », d'une « marguerite », d'une « molécule », d'une « toile d'araignée », d'un « bloc », etc.

« On a eu l'idée de le représenter sous forme d'escargot en partant des relations les plus serrées, les plus proches. »

« On a démarré par le centre et après, ce qui arrivait après. C'est pour ça que c'est devenu une toile d'araignée. »

« On a fait ...comment on appelle ça en physique ? Une molécule. C'est nucléaire. »

Ainsi, ces représentations apparaissent-elles comme des « systèmes vivants »[174]. C'est-à-dire des systèmes complexes, organisés, co-organisés, finalisés par une visée éducative. L'ensemble des partenaires contribuent à produire ce système. Leur hiérarchie est plus ou moins enchevêtrée, ce qui génère des paradoxes[175]. Ils sont en interaction plus ou moins permanente et toujours reliés entre eux *par* et *pour* l'action éducative. Avant de commenter ces diverses représentations de l'environnement partenarial, une petite parenthèse pour définir le partenariat et le situer dans son contexte d'origine s'impose.

Rappelons d'abord que le terme partenariat est relativement jeune puisqu'il n'apparaît dans notre dictionnaire qu'en 1984. Issu du latin *pars, partis*, il renvoie à la fois à l'idée de séparation, de division avec en filigrane aussi l'idée de conflit, et il renvoie également à l'idée de mise en commun, d'association, d'alliance amicale, fraternelle. Les partenaires, c'est notamment le cas quand il s'agit de jeu, de sport, sont associés, parfois même complices, à la fois *pour* quelque chose – gagner – mais aussi *contre* quelque chose, en l'occurrence que la partie adverse gagne. Dans le cadre du partenariat en éducation, les partenaires sont davantage associés *pour*, en l'occurrence pour gagner des points en qualité, que *contre*... d'éventuels adversaires et/ou concurrents. On sait que, dans une relation partenariale, chacun constitue le partenaire de l'autre et, ce faisant, spécifie l'autre dans son rôle de partenaire. La relation

---

[174] Système vivant que nous définissons avec A. Bouvier comme une « *unité complexe organisée (...) un ensemble d'éléments (...) en interactions dynamiques, organisé en fonction d'un but* ». A. Bouvier, 1993. *La pensée systémique*, in Se former plus, Pratiques et apprentissages de l'éducation. p. 5.
[175] « *L'autonomie des systèmes vivants implique l'idée de hiérarchie* », G. Lerbet, 1998. *L'autonomie masquée*, Paris : L'Harmattan. p. 43.

partenariale pourrait apparaître ainsi, d'emblée, comme le modèle de la relation paritaire.

De nombreux partenariats, notamment dans le monde du social, sont nés dans l'urgence, pour faire face à des événements, des situations devenues extrêmes et perçues comme insurmontables si l'on reste seul, telles que les difficultés d'insertion sociale et professionnelle des personnes dites fragilisées ou encore la réinsertion des détenus, etc.

Aujourd'hui, le partenariat est de plus en plus présent dans les domaines du travail social, de l'éducation, de la formation, de la santé, de la justice, et il est reconnu qu'il contribue de manière significative à la qualité de l'accompagnement éducatif.

Quelques rappels des principales évolutions contextuelles (et/ou changements) qui ont contribué à développer l'action partenariale dans le cadre du travail social.

D'un côté, les situations de précarité des familles se sont accentuées, les actions sociales « palliatives » se sont multipliées, diversifiées, renforcées, en renvoyant aux individus des responsabilités vis-à-vis de l'Autre, qui jusqu'à ces dernières années relevaient de l'État (éducation, santé, logement). Dans le domaine éducatif, et à titre d'illustration, on peut citer les « actions périscolaires » mises en œuvre au sein des associations.

Par ailleurs, la loi de 2007[176] a permis de légitimer les actions de prévention. Il semblerait que peu à peu le préventif se soit substitué au curatif, ce qui a entraîné une modification substantielle du travail, notamment en ce qui concerne les modalités d'interventions et le métier d'éducateur en Maison d'enfants. Ainsi, se faisant plus précoce, l'intervention ne se réalise plus au même endroit. C'est sur le terrain propre à l'enfant que le travailleur social intervient, ce qui implique une prise en considération du contexte socio-éducatif global (famille, école, quartiers, activités périscolaires, santé, etc). Ce changement des temporalités – on intervient plus tôt mais aussi plus longtemps et/ou moins longtemps – a entraîné des

---

[176] Loi n°2007-293 du 5 mars 2007 réformant la protection de l'enfance, JORF du 06.03.2007.

modifications dans l'espace même où le travailleur social agit. Il s'agit d'un espace plus large, dont les contours sont plus ou moins flous et cette modification même de l'espace et du temps implique, à son tour, une transformation de l'action éducative.

Paradoxalement, plus l'espace de l'intervention éducative s'élargit et plus ses contours apparaissent flous plus les temporalités s'imposent de manière claire, notamment en ce qui concerne les retours « formalisés », les « évaluations ».

« La question du temps tient désormais une place prépondérante dans notre mission ; il y a des délais à respecter dans nos écrits, dans la rédaction des projets individualisés...Ça ré-interroge le sens de notre action... Comment adapter nos pratiques éducatives tout en préservant l'intérêt des enfants, dans un temps déterminé ? »

Ce qui n'est pas vécu de manière négative, bien au contraire, l'éducateur s'en saisit pour repenser ses priorités.

« L'évaluation, par la démarche qualité, permet de formaliser notre rôle et de rassurer l'acteur social sur la qualité de son travail. Elle permet de mettre en exergue les forces et les défis de manière objective et de réfléchir aux axes d'amélioration à définir et à prioriser (...) L'évaluation permet de valider, de valoriser ce qui est mis en place. Il s'agit de vérifier si ce qui est déclaré est réellement rendu auprès des personnes concernées. On n'est plus dans le déclaratif, on est dans le concret. »

Si la pluridisciplinarité constitue depuis très longtemps le socle sur lequel le travail social peut se fonder, sa forme connait une évolution significative, notamment au regard de la place et du rôle de la famille. Il ne s'agit plus pour les professionnels de faire *pour...* la famille, mais bien de faire *avec...* la famille, de la considérer en tant que partenaire à part entière. Ce partenaire occupe néanmoins une place particulière, puisque tout en étant celui en vue duquel l'accompagnement se fait, il est aussi celui grâce à qui, entre autres, il peut « bien » se faire.

L'ensemble des acteurs constituant le partenariat éducatif se présente, en général, sous trois niveaux. Un premier niveau, le plus souvent placé au centre des dessins, représentant l'enfant, sa famille et l'équipe éducative. Un second niveau, en lien direct avec le premier, comprenant les instances de décision et de financement. Puis, apparait un troisième niveau regroupant l'ensemble des autres acteurs.

Les relations avec les partenaires sont qualifiées de directes, d'indirectes, d'internes, d'externes, de proches, d'éloignées, d'unilatérales, de réciproques, de fréquentes ou de ponctuelles, voire rares. On ne se prononce pas, ou très peu, sur la « qualité » des liens entre partenaires. On considère qu'il s'agit davantage d'une affaire de « personnes » que d'institutions. Toutefois, lorsqu'on qualifie les relations partenariales, on les qualifie de « bonnes » et ce y-compris lorsque l'on soulève des tensions et des conflits. Les tensions sont davantage perçues comme les indices d'un problème à élucider pour progresser dans le travail partenarial que comme un conflit inter-personnel et/ou inter-institutionnel qu'il s'agirait d'éluder.

Commençons par le premier niveau, à savoir celui de l'enfant, de sa famille et de l'équipe éducative.

Place de l'enfant, de sa famille et de l'éducateur

Si le jeune, la famille et l'éducateur (ou la Maison d'enfants) prennent des places différentes sur les schémas, tour à tour placés au centre, à l'intérieur d'une bulle, ou encore de manière polaire avec autour d'eux et/ou entre eux l'ensemble des partenaires, ils apparaissent toujours comme des acteurs indissociables, en interaction permanente.

« On a placé au centre l'institution, enfin, le lieu d'accueil : MECS, usager et famille. Et ensuite on a positionné tout ce qui gravitait autour. »

« Au départ on était parti de la Maison d'enfants et puis finalement on s'est dit : ce n'est pas nous qui sommes au centre mais les jeunes. Sans eux on n'existerait pas. »

Tout de suite après le jeune, se situe la famille. Elle est considérée à la fois en tant que partenaire et usager. Le terme d'usager comprenant pour certains l'enfant, les parents et la famille élargie.

JEUNE

←
- Groupe
- Equipe éducative
- Auxiliaires de vie
- Directeur
- Chef de service
- Personnel de services et d'entretien
- personnel paramédical
- veilleur

EDUCATEURS

→
- UTASS (référent)
- Tribunaux
- Gendarmerie
- Pompiers
- Hôpitaux
- Planning familial
- Ets de toxicologie
- Ecole
- Centres de formation
- Clubs sportifs
- Village
- Taxis
- Travailleuses familiales

FAMILLE

« Comme nous détenons des informations importantes par rapport aux autres, on a pensé que nous devions nous situer au centre. On a positionné l'éducateur au centre du schéma, au-dessus de lui le jeune, relié par une flèche de réciprocité, et en dessous la famille, reliée elle aussi par une flèche. Puis on a situé les intervenants internes qui font partie de l'institution et les intervenants externes avec lesquels on est amené à travailler plus ou moins régulièrement. »

« D'un côté le jeune, d'un autre côté la famille, mais au milieu de tout ça il y a les éducateurs. »

On constate parfois une hiérarchie à l'intérieur de ce premier niveau. Certains plaçant l'éducateur au centre, ou encore l'enfant ou sa famille. Mais après débat lors des séances de travail, les éducateurs s'accordent pour placer au centre, l'enfant, le jeune, qu'ils reconnaissent bien comme celui pour lequel ce système partenarial vit et s'organise.

« On a mis au centre les usagers avec tout près d'eux ceux qui intervenaient directement auprès d'eux. »

La famille est considérée aujourd'hui comme un partenaire majeur. Elle occupe une place prépondérante dans cet environnement partenarial. Rappelons-le, on ne travaille non plus *sur* elle, plus seulement *pour* elle, mais surtout *avec* elle.

« Pour nous, la famille est en lien direct avec la Maison d'enfants, l'usager, les MDS, les écoles. Les familles sont amenées aujourd'hui à être en lien direct avec les écoles, les MDPH, le médical. Elles font partie des partenaires dans un réseau de travail. »

Toutefois, si la famille est considérée comme le partenaire central, c'est bien à l'éducateur qu'il revient de veiller à la cohérence de ce système partenarial tout en jouant le rôle d'un tiers, le rôle d'un intermédiaire entre la famille et les autres partenaires.

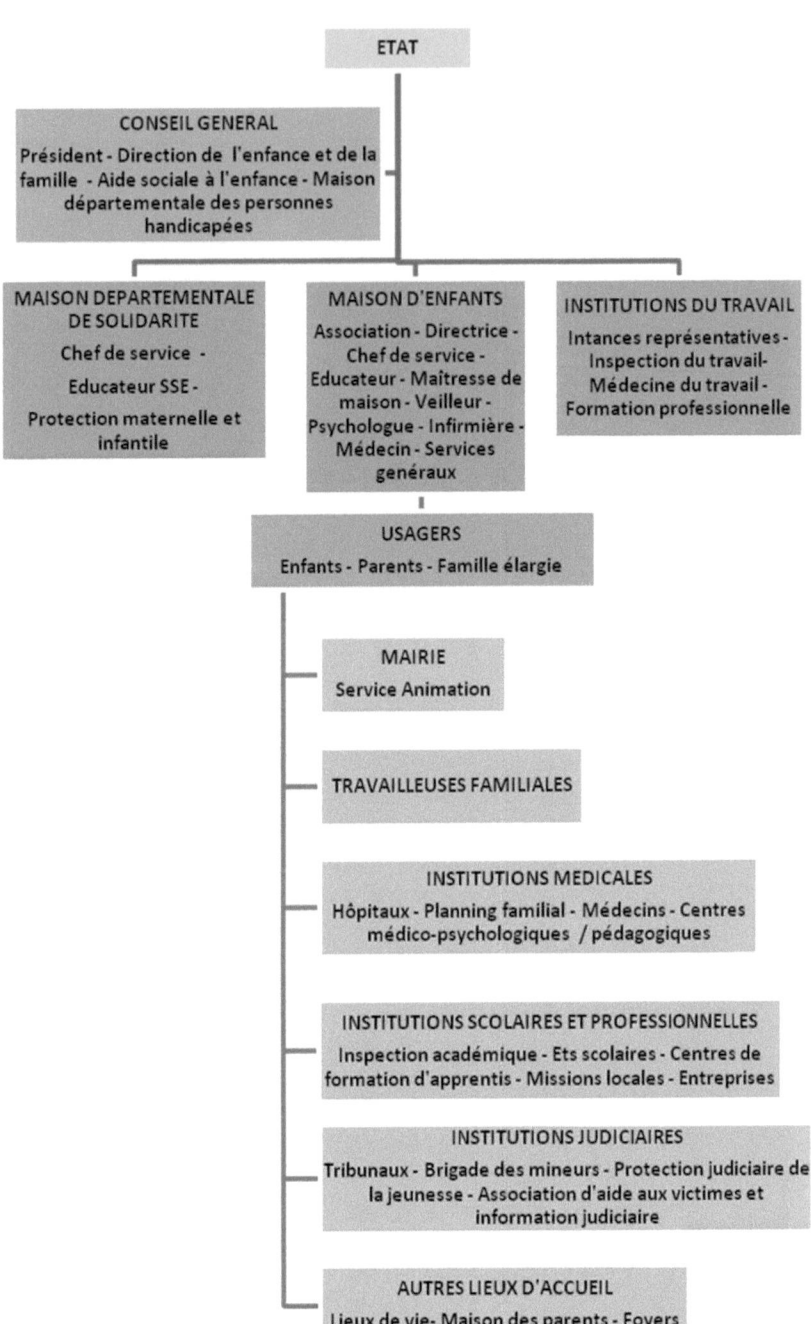

« *L'éducateur centralise les rapports entre le jeune et la famille et c'est de lui que partent les éléments aux partenaires externes ou internes, avec le sentiment que tout transite par lui. Il a été pointé que l'éducateur pouvait être une espèce de courroie de transmission entre tous les partenaires.* »

Il revient également à l'éducateur de veiller à ce que la famille et le jeune ne soit pas engloutis dans cet environnement partenarial, « étouffés », voire « transpercés » par les trop nombreux partenaires qui gravitent autour d'eux.

« *Dès qu'on pense les choses avec un milieu, on arrive à quelque chose qui se structure autour. Soit ça enrichit, soit ça va finir par étouffer, réduire. Ça dépend de la vigilance sur le milieu, la vigilance à repenser en permanence ses finalités et pour les repenser on doit s'appuyer sur ses valeurs et conceptualiser par soi-même. Je pense que c'est le seul moyen de ne pas se perdre dans tout ça, dans cette complication. On est des garde-fous par rapport au lien entre le jeune et sa famille et les différents partenaires. On est là pour s'assurer que le jeune et sa famille gardent leur place et qu'ils ne soient plus transpercés par ces fameuses flèches.* »

« *Au niveau des schémas, la conclusion était de dire qu'au départ on travaille tous pour les jeunes – c'est l'intérêt de notre travail au départ – et finalement avec tous ces partenaires, quand on dessine toutes nos flèches, on finit par le perdre le jeune. Et ça, c'est inquiétant quand même... le jeune se dissout dans tout ça !* »

Ces commentaires sont particulièrement révélateurs de la conscience partagée des éducateurs de leurs responsabilités. Au-delà des responsabilités d'ordre juridique qui sont les leurs, ils partagent également un sentiment de responsabilité vis-à-vis du système partenarial au sein duquel et par lequel, l'accompagnement éducatif va pouvoir être pensé et agi. On soulève ici le paradoxe même du partenariat. Incontournable et nécessaire à la réalisation de l'action éducative, on ne peut plus penser l'accompagnement en dehors de lui, il peut aussi, à défaut de vigilance se révéler contre-productif, notamment lorsque l'on perd le sens même de l'action.

« C'est surtout tous les enjeux des différents partenaires qui ne vont pas toujours dans le même sens. Les enjeux politiques, les enjeux financiers, les enjeux de pouvoir... il y a plein d'enjeux qui font qu'on peut oublier le gamin... »

Aussi, les finalités de ce système partenarial sont-elles à repenser collectivement et en permanence au regard des valeurs du travail social.

L'éducateur veille à la qualité *du* lien, non seulement entre le jeune et sa famille, mais également à la nature *des* liens entre le jeune, sa famille et l'ensemble des autres partenaires. Les liens, entre équipe éducative, jeune et famille, sont qualifiés de réciproques, de directs, de proches et bien sûr de fréquents, voire permanents.

Un constat général toutefois à l'issue de ce travail :

« La conclusion a été de dire : qu'est-ce qu'il y a comme monde autour de ces familles! Et on en a certainement oublié ! »

Place des instances de décision et de financement

Les instances de décision et de financement sont les instances politiques (Conseil Général, Direction de l'Enfance et de la Famille) et juridiques (Juges, Tribunal de Grande Instance, Services de tutelle, avocats, ...). Il n'apparaît pas de niveau hiérarchique entre ces deux instances, ni par rapport à l'équipe éducative.

Si, sur certains schémas, le juge se situe au dessus de l'ensemble des partenaires donnant l'impression de « surplomber », voire de « chapeauter » l'ensemble, c'est parce qu'on considère qu'il « donne le sens même des missions », qu'il joue un rôle déterminant en amont de toute intervention éducative.

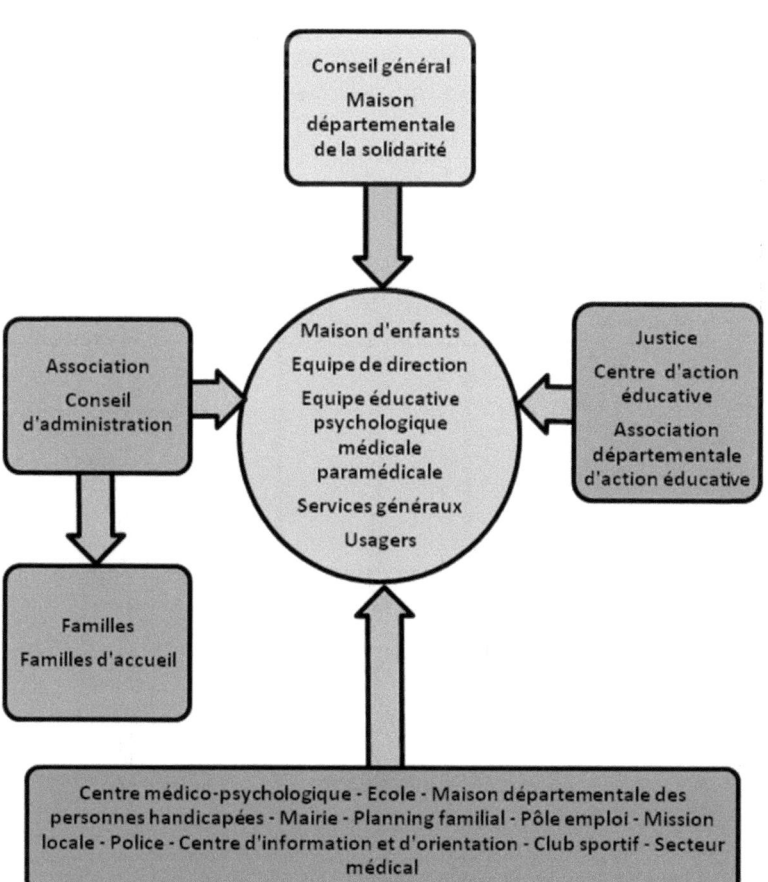

« *Le juge est au départ de notre intervention, puisque s'il n'y a pas de juge qui se saisit, on n'intervient pas dans une famille[177]. C'est pour cela qu'on a tenu à situer le juge en position de départ, y compris par rapport aux éventuels lieux d'accueil. La mesure éducative ordonnée par le juge arrive chez nous et déclenche notre intervention dans la famille. Il y a plusieurs possibilités, dont des possibilités de placement, mais c'est toujours le juge qui prend la décision du placement et nous qui assurons le lien avec l'institution, le juge et la famille.* »

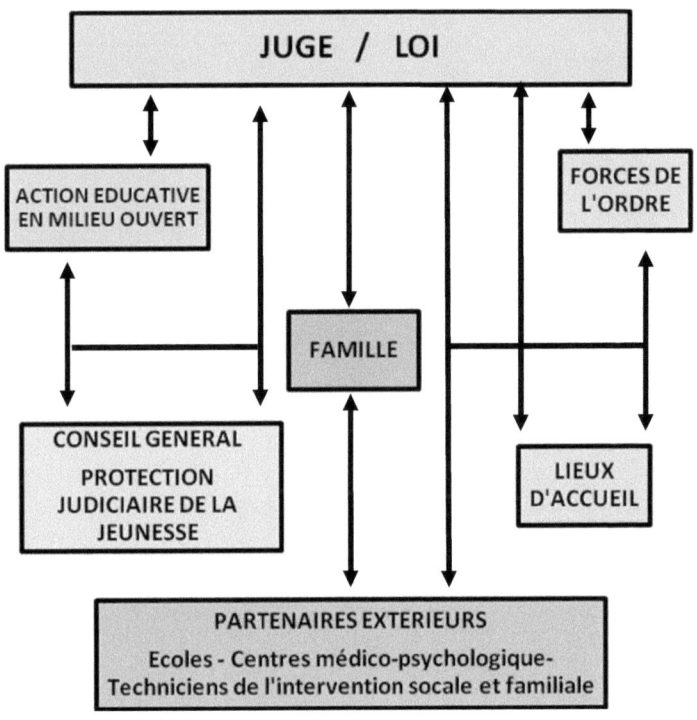

---

[177] Replaçons ce propos dans son contexte : c'est le cas dans le cadre d'une AEMO ou d'un placement judiciaires.

Nous avons vu que les travailleurs sociaux opéraient une distinction entre les partenariats qu'ils qualifient de directs (social, médical, professionnel, scolaire, juridique) et ceux qu'ils qualifient d'indirects (pompiers, gendarmes, ou certaines associations) avec lesquels ils entretiennent des relations ponctuelles et surtout non « automatiques ». Bien que les relations avec les instances de décision et de financement soient relativement ponctuelles, elles sont cependant qualifiées d'« automatiques » et font partie de la première catégorie.

Le lien qui relie Maison d'enfants et instances de décision et de financement est le plus souvent représenté de manière unilatérale. Ce sont ces instances qui interpellent la Maison d'enfants et non l'inverse. Par ailleurs, si les relations entre les équipes éducatives et les acteurs de ces instances sont qualifiées de plutôt « bonnes », elles sont néanmoins relativement distantes, parce que relativement espacées dans le temps. L'éducateur ne rencontrerait que, ponctuellement, les acteurs du Tribunal de Grande Instance ou encore ceux du Conseil Général.

« On a placé la Maison d'enfants à travers les usagers au centre de notre schéma, en indiquant autour les intervenants… co-financeurs ou décideurs partenaires, avec le Conseil Général et la Justice au-dessus de nous. Ce sont des partenaires indirects avec des interventions plus ponctuelles et non automatiques. »

Aujourd'hui, le juge des enfants n'étant plus le seul responsable du placement de l'enfant, les parents vont être directement impliqués dans la décision du placement. Ce qui modifie significativement le lien entre le juge et la famille et, là encore, l'éducateur se sent concerné.

« Il est nécessaire que les parents demandent ou acceptent l'aide proposée. Cette demande ou acceptation les implique totalement dans la prise en charge et revêt d'autres difficultés auprès de l'enfant qui peut se sentir trahi par sa famille. »

Avec la loi de 2007, les compétences du Conseil général évoluent. Il a désormais un double rôle à jouer, celui de financeur et de décideur.

« *On a situé le Conseil général en lien direct avec l'AEMO puisque lorsque une mesure nous arrive, c'est parfois sur signalement du Conseil Général.* »

« *Le Conseil général aura bientôt à gérer toutes les situations de danger qui ne passeront plus forcément par le juge quand il y aura collaboration. C'est un transfert de compétences qui change beaucoup de choses. C'est ce qui arrive déjà au niveau des placements. Maintenant, bon nombre de placements ne sont plus décidés par le magistrat... l'accueil provisoire n'est pas décidé par le juge. C'est un contrat entre le Conseil Général, la famille et la personne.* »

Place des autres partenaires

Les autres partenaires constituent le troisième niveau de ce « système-vivant ». Ils apparaissent sur les schémas de manière plus ou moins hiérarchisée. Au plus près de l'éducateur, du jeune et de la famille, se situent les partenaires avec lesquels on entretient des relations qualifiées de « directes », de « fréquentes », de « proximité ». Il s'agit des partenaires de l'éducation (écoles publiques et privées), de la santé (médecins généralistes, médecins spécialistes, maternités, hôpitaux, paramédical...), de la formation et de l'emploi (Pôle emploi, Mission Locale, centres de formation) de l'administration publique (CAF, CPAM...), de la police (la brigade des mineurs), etc.

« *Avec le commissariat, c'est un travail au quotidien par rapport à tout ce qui est fugues.* »

« *Ensuite, un peu plus éloigné du jeune, on a situé tout ce qui est paramédical et médical. Police et gendarmerie, on a fait le distinguo entre le judiciaire et la police. On a placé tout ce qui relève de l'aide aux familles, les tutelles et les curatelles.* »

Et là encore la qualité des relations est plus de l'ordre du « personnel », voire de l'inter-personnel, que de l'inter-institutionnel.

« *Avec les institutions c'est pareil... il y a des personnes qu'on connait, avec qui on a l'habitude de travailler. Je pense que c'est une question de personnes. Il peut y avoir un Directeur d'école qui va se fâcher et faire un signalement et puis il y en a un autre dans la même situation qui ne va pas dramatiser... parce que c'est sa personnalité...* »

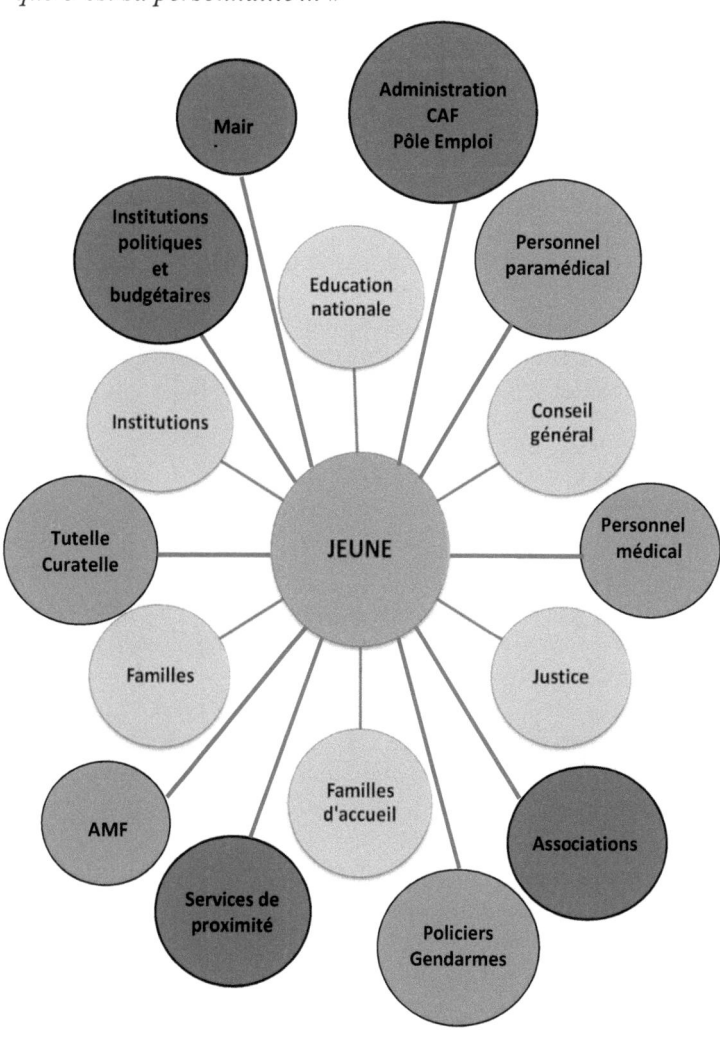

« *Il y a une relation de confiance entre l'éducateur et les autres partenaires.* »

Puis, plus éloignés, sont situés les partenaires avec lesquels on entretient des relations ponctuelles, pas obligatoires, souvent indirectes et unilatérales, soit pour répondre à des situations d'urgence, soit pour intervenir dans des démarches d'ordre administratif.

« *Les pompiers, ce n'est pas eux qui viennent chez nous, c'est nous qui les appelons.* »

« *On travaille également avec des interprètes, notamment par rapport à nos mineures étrangères. Soit c'est la PAF qui nous envoie des interprètes, soit le Département parce qu'ils ont dans leurs familles d'accueil des personnes d'origine polonaise ou portugaise par exemple.* »

Ce sont des relations le plus souvent unilatérales, parce qu'il n'y a pas forcément de retours auprès de l'éducateur, même si cela a tendance à évoluer.

« *De temps en temps, on accompagnement des jeunes au Planning familial... et en général, on n'a pas de retours directs des intervenants.* »

« *On a situé les travailleuses familiales parce que parfois des jeunes partent faire des activités avec les travailleuses familiales en lien avec la famille. Mais visiblement, il n'y pas d'échanges avec la travailleuse familiale.* »

« *On travaille de plus en plus avec les travailleuses familiales. On arrive à travailler avec elles maintenant pour les médiatisations, des choses comme ça...* »

Les relations avec les partenaires sportifs et culturels sont généralement qualifiées de bonnes. Ce qui s'explique aisément puisque la participation à des activités sportives ou culturelles relève de la volonté des jeunes.

« Il y a aussi les clubs sportifs et culturels. Logiquement ça se passe bien puisque c'est à la demande des jeunes. »

Dans ce système partenarial, figurent également des acteurs de proximité que l'on considère en tant qu'outils, ressources, susceptibles de contribuer l'autonomisation des jeunes. Ainsi, en est-il des commerces, des transports, des bailleurs ou encore des banques.

« Les commerces font aussi partie de notre partenariat. On travaille avec eux l'autonomie. On a deux groupes où les jeunes font eux-mêmes leurs courses à la semaine pour l'ensemble du groupe. »

« Après ce sont les transports, on travaille beaucoup avec la SNCF et une société de bus. »

« Et puis sur le dernier palier, on a situé tout ce qui est bailleurs, HLM. »

« Et puis il y a les banques, il faudra à un moment donné travailler avec elles. »

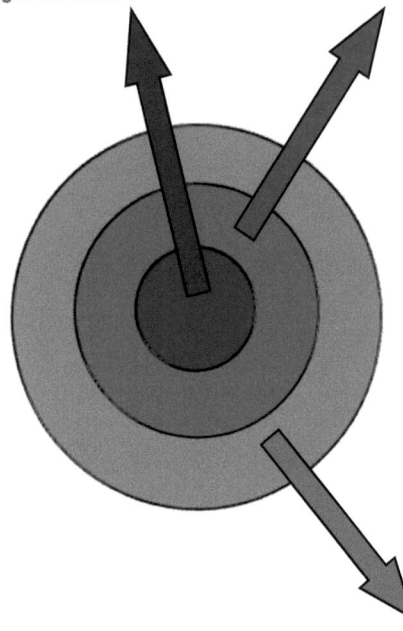

Maisons d'enfants à caractère social
Direction de l'enfance et de la famille
Juges des enfants

Action éducative en milieu ouvert
Familles
Associations
Education nationale
Administrations du travail et de la formation (Pôle Emploi, Missions Locales)
Lieux de stage
Médecins
Etablissements de santé
Centres de formation

Commissariats
Commerces
Administration publique (Caisse d'allocations familiales, Caisse primaire d'assurance maladie)
Ambassades
Services d'aide aux migrants
Avocats
Planning familial
Clubs de loisirs et de vacances
Centres de soins spécifiques pour toxicomanes
Centres d'hygiène alimentaire et d'alcoologie
Transports en commun
France Télécom
LAPES
Interprètes
Foyers de jeunes travailleurs
Centres médico-psychologiques
Pompiers
Bailleurs
Banques
Fournisseurs
Mairies

Quelles que soient les représentations graphiques réalisées et commentées par les travailleurs sociaux, la conclusion unanimement partagée est celle de l'impossibilité de représenter exhaustivement cet environnement partenarial. Et même si l'on souligne un certain « encombrement » de ces multiples partenaires, cette impossibilité n'est pas considérée comme un problème en soit. L'environnement partenarial est bien perçu comme un système vivant, un système en perpétuel mouvement, dont aucun schéma ne peut rendre compte.

« Il y a tellement de choses à prendre en compte… c'est le principe du schéma qui a vocation à simplifier les choses. Il ne peut rendre compte de la complexité de la réalité. »

« Ce n'est pas une photo, c'est un modèle de lecture. Il nous donne deux ou trois clés de lecture qui permettent de lire la réalité, mais la réalité ne peut être traduite par le schéma. »

« Ça nous permet de repérer des tensions, des enjeux et de hiérarchiser. »

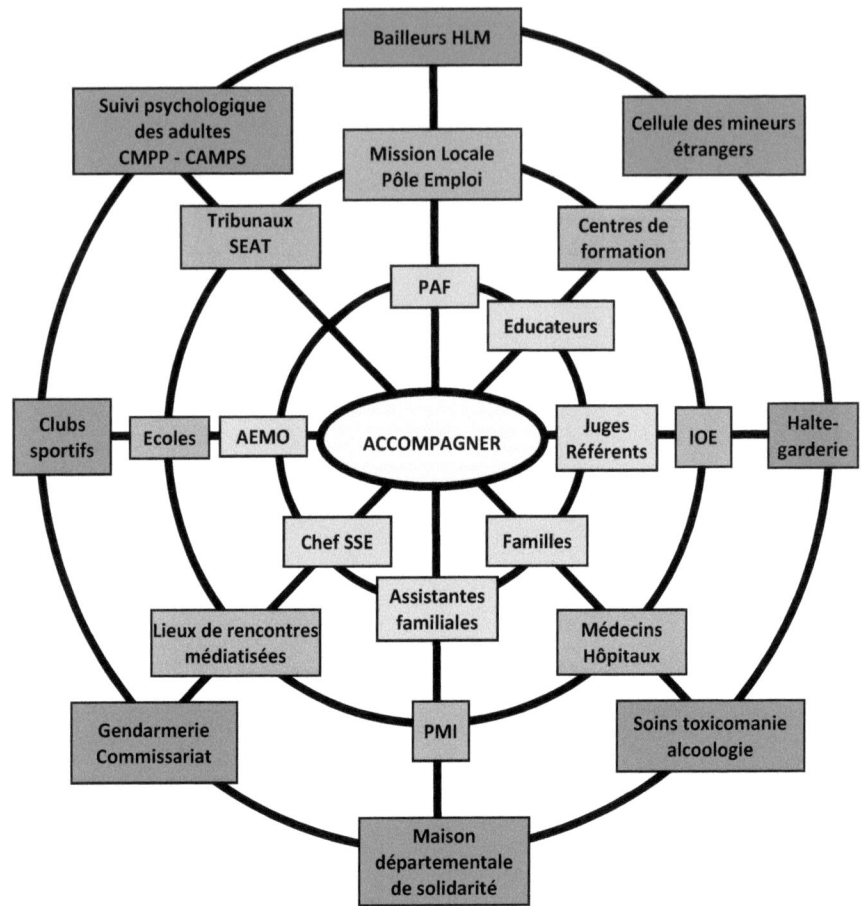

En conclusion de ce chapitre, nous retiendrons que *le* lien, nécessaire à la constitution du Sujet Humain, et *les* liens nécessaires à la constitution du partenariat de l'accompagnement éducatif ne peuvent être appréhendés que de manière complexe. Si le lien contribue à l'autonomisation, il peut aussi contribuer à l'hétéronomisation, d'où l'importance de repenser en permanence la finalité éducative et de ré-ajuster son action au regard du cadre dans lequel l'accompagnement éducatif s'inscrit.

CONCLUSION
Vers une modélisation du processus de conception de l'intervention socio-éducative

À l'issue de cette « recherche-accompagnement » dont le processus peut aujourd'hui être lu au regard des principales phases qui l'ont constitué, à savoir études de cas, échanges et confrontations des représentations sur les pratiques, élucidation des contextes de l'action éducative, communication des travaux dans le cadre d'une journée d'études, puis écriture en vue de publication, il semble encore trop tôt pour *se* rendre compte et rendre compte de ce qui a été produit en terme de nouveaux « savoirs » et/ou de nouvelles « connaissances »[178], voire de nouvelles connaissances scientifiques[179].

Les trois chapitres constituant cet ouvrage questionnent l'action éducative au prisme du cadre, de l'accompagnement et du lien. Trois « notions » qui, rappelons-le dominaient déjà les discours recueillis et analysés au terme de la première phase de la recherche[180]. Si l'exercice d'écriture auquel se sont livrés les co-auteurs de cet ouvrage – exercice d'écriture dont on connait le rôle majeur et « *éminemment auto-organisateur* », dans l'appropriation de la pensée[181] – ne nous autorise pas à inférer quelque « vérité » que ce soit sur une conception du travail éducatif « idéale », il nous permet cependant de saisir quelques clés permettant de modéliser[182]

---

[178] « *La connaissance est intégrée au sujet au point qu'elle se confond avec lui. Elle n'appartient qu'à soi. Elle est d'ordre personnel* » J. Legroux, 1981. *De l'information à la connaissance*. Chaingy : Mesonance, Centre National Pédagogique, p. 140.
[179] Au sens de Popper, K. 1998. *La connaissance objective*. Paris : Champs Flammarion.
[180] Et avec le « cadre », l'« accompagnement » et le « lien » se démarquaient également la « violence » et la « sanction », ces deux dernières s'étant révélées, dans un second temps, transversales.
[181] Lerbet, G. 1999. *Les nouvelles sciences de l'éducation*. Paris : Éditions Nathan. p. 211.
[182] Le modélisateur, qui n'a pas pour ambition de vouloir révéler le réel mais de le construire, voire de l'inventer, garde à l'esprit que « *le territoire, souvent, devient la*

le processus susceptible d'aider le travailleur social à mieux penser et agir ses pratiques éducatives en contexte.

La co-élucidation du cadre social et juridique en constitue une des premiers clés. C'est bien dans ce cadre et à partir de ce cadre que les conceptions et les pratiques fondent leur légitimité institutionnelle.

La conscientisation de la complexité inhérente à l'accompagnement et ce qu'elle implique en termes de paradoxes et d'incertitudes, en constitue la deuxième clé.

Enfin, l'accompagnement par sa visée autonomisante, ne pouvant se concevoir hors de l'environnement familial, social, éducatif, culturel, dans lequel le jeune peut se construire et à partir duquel il peut s'émanciper, il convient de saisir et de comprendre les formes et la nature des « liens », des relations interpersonnelles et inter-institutionnelles à partir desquelles l'ensemble des acteurs de l'action éducative se spécifient mutuellement et se légitiment dans leur(s) fonction(s), leur(s) rôle(s) et leur(s) posture(s).

---

carte qu'on en dresse ! ... ». Le Moigne, J.-L. 1994. *Le constructivisme, tome 1 : des fondements.* Paris : ESF Éditeur, p. 218.

BIBLIOGRAPHIE

Alland, D., Rials, S. 2003. *Dictionnaire de la culture juridique.* Paris : Lamy Presses Universitaires de France.

Arendt, H. 1972. *La crise de la culture.* Paris : Gallimard.

Barel, Y. 1993. *Système et paradoxe. Autour de la pensée d'Yves Barel.* Paris : Éditions du Seuil.

Barreyre, J.Y., Bouquet, B., Chantreau, A., Lassus, P. 1995. *Dictionnaire critique d'Action sociale.* Paris : Bayard Éditions.

Beauvais, M. 2004. « Des principes éthiques pour une philosophie de l'accompagnement », p. 99-113. In *De l'éducation permanente à la formation tout au long de la vie.* Savoirs, Revue Internationale de Recherches en Éducation et formation des Adultes. Paris : L'Harmattan.

Beauvais, M. 2006. « L'accompagnement au prisme de la responsabilité », p. 173-189. In *Pour une éthique de l'intervention. Afin de concevoir le projet, la direction et l'accompagnement en formation.* Dir. : M. Beauvais, C. Gérard, J.-P. Gillier. Paris : L'Harmattan.

Beauvais, M. 2009. « Penser l'accompagnement et la formation à l'accompagnement ». In *Accompagnement en éducation et formation : regards singuliers et pratiques plurielles.* Coord. : M. Beauvais, J.-N. Demol. Lille : CUEEP Lille 1. Cirel-Trigone.

Bonelli, L., Sainaiti, G. 2001. *La machine à punir. Pratiques et discours sécuritaires.* Paris : l'Esprit frappeur.

Bourdieu, P. 1980. *Le sens pratique.* Paris : Éditions de Minuit.

Boutinet, J.-P. 2004. *Psychologie des conduites à projet.* Paris : Presses Universitaires de France.

Bouvier, A. 1993. « La pensée systémique ». In *Se former plus,* Pratiques et apprentissages de l'éducation. 31 p.

Carbonnier, J. 1994. *Sociologie du droit.* Paris : Quadrige Presses Universitaires de France.

Castel. R. 2003. *L'insécurité sociale. Qu'est-ce qu'être protégé ?* Paris : Éditions du Seuil et La République des Idées.

Castéra de, B. 2002. *Le compagnonnage.* Paris : Presses Universitaires de France.

Chauvière, M. 2008. « La parentalité comme catégorie de l'action publique ». *Informations Sociales*, n°149, p. 16-29.

Chauvière, M. 1980. *Enfance inadaptée : l'héritage de Vichy.* Paris : Les Éditions ouvrières.

Collet-Askri. 2003. « Responsabiliser par la sanction ». *Revue de Droit Sanitaire et Social*, n°, p. 140 et s.

Commaille, J. 2001. « Famille : entre émancipation et protection sociale ». *Sciences Humaines*, n°115, p. 28-31.

Corcuff, P. 2002. *La société de verre. Pour une éthique de la fragilité.* Paris : Armand Colin.

Cornu, G. 2004. *Vocabulaire juridique.* Paris : Presses Universitaires de France.

Dortier, J.F. 1998. *Les sciences humaines. Panorama des connaissances.* Auxerre : Éditions Sciences Humaines.

Dubet, F. 2002. *Le déclin de l'institution.* Paris : Éditions du Seuil.

Ehrenberg, A. [1998] 2000. *La fatigue d'être soi. Dépression et société.* Paris : Éditions Odile Jacob.

Fichte, J. G. 1998. *Fondement du droit naturel selon la doctrine de la science.* Paris : Presses Universitaires de France.

Fustier, P. 2005. *Le lien d'accompagnement : entre don et contrat salarial.* Paris : Éditions Dunod.

Garfinkel H. 1967. *Studies in Ethnomethodology.* Prentice-Hall, Englewood Cliffs, N. J., p. 66-75

Grawitz, M. 1994. *Lexique des sciences sociales.* Paris : Dalloz.

Haudiquet, A. 2005. *La culture juridique des travailleurs sociaux. États des lieux et besoins de formation.* Paris : L'Harmattan.

Haudiquet, A. 2009. « Les travailleurs sociaux : entre éthique du droit et déontologie ». *Revue Contradictions*, n°127-128, p. 89-102.

Haudiquet, A. « La fin de vie : une question de responsabilités ». *Empan*, n°73, p. 136-147.

Honneth, A. 2006. *La société du mépris. Vers une nouvelle Théorie critique*. Paris : La Découverte.

Jaume, L. 1996. « Citoyenneté », p. 96-99, dans Raynaud, P., Rials, S. *Dictionnaire de la philosophie politique*. Paris : Presses Universitaires de France.

Jonas, H. [1979] 1990. *Le principe responsabilité. Une éthique pour la civilisation technologique*. Paris : Champs Flammarion.

Kourilsky-Augeven, C., Zdravomyslova, O., Arutjunjan, M. 1994. « Modèle français et modèle russe de socialisation juridique : la construction des attitudes à l'égard du Droit avant l'âge adulte ». *Revue d'études comparatives Est-Ouest*, n°3, p. 37-131.

Kourilsky-Augeven, C. 1996. *Socialisation juridique et conscience du droit*. Paris : LGDJ.

Lalande, A. 1999. *Vocabulaire technique et critique de la philosophie*, Volume I et II. Paris : Quadrige, Presses Universitaire de France.

Le Goff, J.-P. 1999. *La barbarie douce. La modernisation aveugle des entreprises et de l'école*. Paris : La Découverte.

Legroux, J. 1981. *De l'information à la connaissance*. Chaingy : Mesonance, Centre National Pédagogique.

Le Moigne, J.-L. 1994. *Le constructivisme, tome 1 : des fondements*. Paris : ESF Éditeur.

Lerbet, G. 1999. *Les nouvelles sciences de l'éducation*. Paris : Éditions Nathan.

Lévinas, E. 1982. *Éthique et infini*. Librairie Arthème Fayard et Radio-France. Le livre de Poche.

Lévinas, E. 1971. *Totalité et infini. Essai sur l'extériorité*. Kluwer Academic. Le livre de Poche.

Lévy-Bruhl, H. 1990. *Sociologie du droit*. Paris : Presses Universitaires de France.

Liiceanu. G. 1994. *De la limite. Petit traité à l'usage des orgueilleux*. Paris : Éditions Michalon.

Lerbet, G. 1998. *L'autonomie masquée*, Paris : L'Harmattan.

Marzano, M. 2006. *Je consens, donc je suis....* Paris : Presses Universitaires de France.

Marzano M. 2010. *Visages de la peur*. Paris : Presses Universitaires de France.

Misrahi, R. 1997. *Qu'est-ce que l'éthique ?* Paris : Armand Colin.

Morin, E. 1990. *Introduction à la pensée complexe*. Paris : ESF Éditeur.

Morin, E. 2004. *La Méthode 6 – Éthique*. Paris : Éditions du Seuil.

Neirinck, C. 2007. « L'enfant, être vulnérable ». *Revue de droit sanitaire et social*, n°1, p. 5-14.

Ogien R. 2007. *L'éthique aujourd'hui. Maximalistes et minimalistes*. Paris : Éditions Gallimard.

Paul, M. 2002. « L'accompagnement : une nébuleuse ». In *L'accompagnement dans tous ses états*. Revue Éducation Permanente, n° 153.

Popper, K. 1998. *La connaissance objective*. Paris : Champs Flammarion.

Raynaud, P., Rials, S. 1996. *Dictionnaire de la philosophie politique*. Paris : Presses Universitaires de France.

Rousseau. J.-J. 1966, *Émile ou de l'éducation*. Paris : Garnier-Flammarion.

Sanchez, J.-L. 2010. « La place des parents dans la protection de l'enfance ». *Les Cahiers de l'Odas*, 30 p.

Sartre J.-P. 1943. *L'être et le néant*. Essai d'ontologie phénoménologique. Paris : Tel Gallimard.

Sartre J.-P. 1996. *L'existentialisme est un humanisme*. Paris : Folio Essais Gallimard.

Schmidt-Kerhoas, V. 1998. *Les travailleurs sociaux et le droit pénal*. Paris : L'Harmattan.

Silbey, S.S. 1991. « Un jeu d'enfants : une analyse culturelle de la conscience juridique des adolescents américains ». *Droit et Société*, n°19, p. 243-257.

Simmel, G. 1987. *Philosophie de l'argent*. Paris : Presses Universitaires de France.

Simmel, G. 1999. *Sociologie. Études sur les formes de socialisation*. Paris : Presses Universitaires de France.

Supiot, A. 2005. *Homo juridicus. Essai sur la fonction anthropologique du droit*. Paris : Éditions du Seuil.

Théry, I. 1996. *Le démariage*. Paris : Odile Jacob.

Von Foerster, H. 1988. « La construction d'une réalité », p. 45-69. In *L'invention de la réalité. Contributions au constructivisme*. Dir. P. Watzlawick. Paris : Éditions du Seuil.

Watzlawick, P. 1988. *L'invention de la réalité, Contributions au constructivisme*. Paris : Éditions du Seuil.

Youf, D. 2002. *Penser les droits de l'enfant*. Paris : Presses Universitaires de France.

TABLE DES MATIÈRES

INTRODUCTION. IL ÉTAIT UNE FOIS… UNE RENCONTRE ENTRE PRATICIENS ET ENSEIGNANTES-CHERCHEURES 7
    Origine de la recherche 7
    Éléments de contexte 8
    Évolution de la démarche..9
    Les premiers travaux...9
    La journée d'études 10
    Écrire pour publier 11

CHAPITRE PREMIER. L'INTERVENTION SOCIOÉDUCATIVE : UNE AFFAIRE DE CADRES 13
  VALEUR ET LÉGITIMITÉ DES CADRES 13
    La pluralité des cadres 13
        À chaque cadre sa valeur *14*
        Entre repères et limites *15*
    Le cadre de l'enfant et de sa famille 17
        L'enfant-roi.. *17*
        L'enfant raisonnable... *20*
        L'autorité parentale *22*
        Le devoir parental *23*
    Le cadre de l'institution socio-éducative 26
        Le tiers-médiateur... *26*
        Le tiers-accompagnant *28*
        Le bien commun... *29*
    Le cadre juridique 31
        Entre répression et prévention *31*
        La machine à punir... *33*
  SENS ET FINALITÉS DES CADRES 36
    Une visée sécurisante 36
    Une visée socialisante 39
    Une visée responsabilisante 41

La responsabilité du jeune 42
La responsabilité du parent 44
La responsabilité de l'institution 46
PROCESSUS D'INTÉGRATION DES CADRES : DE LA VIOLENCE À L'INTÉGRATION 48
La violence 48
La résignation 50
L'intégration 51

CHAPITRE II. LES ACCOMPAGNEMENTS SOCIOÉDUCATIFS À L'ÉPREUVE DE LA SINGULARITÉ 55
LES CHEMINS DE L'ACCOMPAGNEMENT 55
LES FINALITÉS DE L'ACCOMPAGNEMENT 59
De la destruction à la (re)construction 59
De la socialisation à l'émancipation 63
LES FIGURES DE L'ACCOMPAGNEMENT 65
Les figures imposées : de l'intervention éducative au placement 65
Les figures libres : le « contrat social » 71
LES ACTEURS DE L'ACCOMPAGNEMENT 72
Les professionnels 74
Les enfants 77
La famille 78
UN ACCOMPAGNEMENT MULTIDIMENSIONNEL 82
La double dimension affective et distanciée 82
La dimension double dimension singulière et collective 84

CHAPITRE III. ÉDUQUER : UNE HISTOIRE DE LIENS 87
LE LIEN : DES PERCEPTIONS ET DES CONCEPTIONS PLURIELLES 87
DES LIENS FAMILIAUX PERÇUS DANS LEUR COMPLEXITÉ 89
Le lien perçu comme un problème 89
Le lien perçu comme aidant 91

Le rapport au lien du travailleur social 92
Le rapport au lien de l'enfant...93
Le rapport au lien du parent 93
Le rapport au lien du juge 93
DE LA RUPTURE À LA RE-CONSTRUCTION DES LIENS..................... 94
    La rupture et le travailleur social 94
    La rupture et l'enfant 95
    La rupture et le parent 96
    Les liens entre enfants et travailleurs sociaux........................97
        L'attachement *97*
        La distance...*101*
DES LIENS À CRÉER ET À CONSOLIDER 101
    Les limites..102
    Les sanctions..103
    Les biens matériels...105
L'ENFANT ET L'EFFICIENCE DU LIEN 106
    Le lien et le collectif 107
    Le lien et la question du départ 108
    Le lien et l'élaboration du projet...109
LES LIENS DANS LE PARTENARIAT 110
    Place de l'enfant, de sa famille et de l'éducateur..................114
    Place des instances de décision et de financement 120
    Place des autres partenaires 124

CONCLUSION. VERS UNE MODÉLISATION DU PROCESSUS DE CONCEPTION DE L'INTERVENTION SOCIO-ÉDUCATIVE 131

BIBLIOGRAPHIE.. 133

Travail social
aux éditions L'Harmattan

Dernières parutions

CONSEILLERS EN ÉCONOMIE SOCIALE ET FAMILIALE
Devenir cadre : une ambition silencieuse
Mauduit Marina
Comment devient-on cadre dans l'action sociale ? À travers l'analyse des trajectoires des conseillers en économie sociale et familiale, c'est le champ de l'intervention que l'ouvrage interroge. Voici un outil indispensable pour les professionnels de l'intervention sociale et des pistes de réflexion pour les travailleurs sociaux.
(Coll. Institut de la Ville et du Développement, 18.00 euros, 180 p.)
ISBN : 978-2-336-29307-3, ISBN EBOOK : 978-2-296-53743-9

DIVERSITÉ (LA) CULTURELLE ET SES LIMITES
Sous la direction de Marc Garcet et Serge Dalla Piazza
La diversité culturelle pose la question des frontières de la démocratie dans les fondements du vivre ensemble avec des valeurs communes. Le risque en effet pour une diversité culturelle infinie réside dans un pluralisme qui aboutit au relativisme culturel. Cela pose la question de la nature de ce pluralisme et de sa position au sein d'une société. S'il est vrai que la diversité est source de richesses, nous ne pouvons faire l'économie de ses limites.
(Coll. Au carrefour du social, 30.00 euros, 288 p.)
ISBN : 978-2-343-00588-1, ISBN EBOOK : 978-2-296-53783-5

DU DÉSAMOUR AU DIVORCE
Jugement, conciliation, médiation
Blohorn-Brenneur Béatrice - Préface de Maud de Boer-Buquicchio
Au cours des deux mille divorces qu'elle a connus comme juge, l'auteur a été confrontée aux innombrables difficultés des familles. Elle trouve dans la loi des moyens moins destructeurs pour régler les conflits familiaux : la conciliation conduite par le juge et la médiation menée par le médiateur : des modes de pacification des conflits qui révolutionnent les pratiques judiciaires. Dans cet ouvrage, constitué d'histoires vraies, voici des clés de communication pour surmonter le désamour.
(18.00 euros, 190 p.)
ISBN : 978-2-343-00245-3, ISBN EBOOK : 978-2-296-53438-4

PARENTALITÉ, ADDICTION ET TRAVAIL SOCIAL
Saliba Sfeir Christiane
Le questionnement de l'ouvrage tourne autour des représentations sociales d'un parent souffrant d'addiction et tout spécialement de dépendance au produit

«drogue». Cet ouvrage apporte des outils d'intervention sociale auprès des parents dépendants. Il permet aux professionnels d'objectiver les obstacles de l'évaluation du risque de la dépendance du parent sur l'enfant : permettre une reconnaissance symbolique du parent et préserver l'intérêt de l'enfant dans la limite des compétences parentales.
(Coll. Logiques sociales, 22.50 euros, 218 p.)
ISBN : 978-2-296-99786-8, ISBN EBOOK : 978-2-296-53372-1

FEMMES SANS DOMICILE
Guéret Eric
Les femmes représentent presque un quart des sans-abri, mais sont rarement présentes dans les films sur l'exclusion. Plus difficiles à approcher, plus méfiantes... Dans les rues de Paris, elles sont beaucoup plus vulnérables et les conditions de leur survie sont très différentes. Elles résistent moins bien aux conditions extrêmes, au froid, à la fatigue, au manque d'hygiène, à l'alcool... Ce film suit l'évolution de ces femmes dans leurs parcours improbables vers la réinsertion.
(20.00 euros)
ISBN : 978-2-336-00812-7

FACE À LA DÉLINQUANCE
Un regard novateur sur la prévention de la récidive
Tournebise Thierry, Delamotte Danielle
Voici un outil pour les travailleurs sociaux souhaitant réaliser un travail approfondi au niveau des enjeux psychiques concernant la prévention de la récidive de la délinquance. Il intéresse aussi tous ceux que ce thème préoccupe, professionnellement, socialement, ou personnellement. Découvrez ou approfondissez ce qui concerne la situation de la récidive au niveau de la délinquance, ainsi que les possibilités de prévention.
(15.50 euros, 144 p.)
ISBN : 978-2-336-00130-2, ISBN EBOOK : 978-2-296-51238-2

PRATIQUES ORDINAIRES EN TRAVAIL SOCIAL ET MÉDICO-SOCIAL
Le quotidien en *on* et on *off*
Sous la direction de Philippe Crognier, Association Sauvegarde du Nord
Voici questionnées les pratiques ordinaires en travail social et remises en cause les évidences, le sens commun et les allant-de-soi. Voici mis au jour le travail réel, l'officieux, le non-dit et le caché, car c'est bien dans ces interstices que le travail social se niche et que se nouent les relations humaines. Ce livre soulève des questions inscrites dans les champs de l'inclusion sociale, de la protection de l'enfance, du médico-social et des addictions.
(Coll. Les Ecrits de BUC Ressources, 20.00 euros, 206 p.)
ISBN : 978-2-336-29140-6, ISBN EBOOK : 978-2-296-51312-9

TEMPS (LE) DES AIDES À DOMICILE
Terver Guillaume
Soutenir une personne âgée, lui tenir la main. Préparer son repas, la laver, l'habiller. Faire le ménage sans bousculer les vieilles photos. Regarder l'heure,

se dépêcher. Rouler. Arriver dans une nouvelle maison, chez une nouvelle personne. Parler, rire, écouter. Sans «s'attacher». Fermer la porte. Recommencer encore et encore, ailleurs. Comprendre la réalité d'un métier aussi méconnu qu'indispensable, en emboîtant le pas de quelques aides à domicile dans leur travail de tous les jours.
(20.00 euros)
ISBN : 978-2-336-00769-4

ANALYSE INSTITUTIONNELLE DES PRATIQUES
Une socio-clinique des tourments institutionnels au Brésil et en France
Ouvrage dirigé par Gilles Monceau
L'analyse institutionnelle théorisée par René Loureau, en 1969, s'est centrée sur les pratiques sociales, et particulièrement sur les pratiques professionnelles. Le projet ici est d'approfondir la réflexion sur l'analyse des implications, c'est-à-dire des relations (libidinales, organisationnelles et idéologiques) entre les sujets et les institutions, en les resituant systématiquement dans leurs contextes institutionnels, donc politiques.
(Coll. Savoir et formation, 19.00 euros, 178 p.)
ISBN : 978-2-336-00359-7, ISBN EBOOK : 978-2-296-51231-3

SUJET HANDICAPÉ
Évocation(s) du lien psychique et du lien social
Sous la direction de Jean-Sébastien Morvan
L'adaptation scolaire et sociale des enfants et adolescents en situation de handicap et en difficultés d'apprentissage ou de relation appelle un repérage et une analyse psychodynamique. Les représentations-affects qui sous-tendent puis traversent les expériences d'intégration prennent ancrage dans la confrontation première au handicap et à l'inadaptation.
(Coll. Savoir et formation, série Handicap et éducation, 21.00 euros, 206 p.)
ISBN : 978-2-336-00392-4, ISBN EBOOK : 978-2-296-51310-5

ALLO LA VIE
Petit-Jouvet Laurence
Quelque part dans Paris, des hommes et des femmes franchissent régulièrement le seuil d'une porte. Tous viennent anonymement à cette adresse pour répondre à l'appel de ceux qui composent le numéro de SOS SUICIDE PHÉNIX. «Ici les gens viennent former une question, c'est aussi vrai pour les bénévoles que pour ceux qui appellent, et du coup ça crée un climat très étrange, un climat de recherche, un climat de présence... Ici, c'est un lieu de magie, un lieu de rendez-vous» (SOS SUICIDE PHÉNIX).
(20.00 euros)
ISBN : 978-2-336-00759-5

MAIN (LA) DANS LE CHAPEAU
Un voyage ordinaire avec des personnes extraordinaires
Szrajber Aleksandra
«La main dans le chapeau» est la traduction littérale de l'expression anglaise «hand in cap». Au XVIe, dans le cadre d'un troc de biens, il fallait rétablir une égalité

de valeur entre ce qu'on donnait et ce qu'on recevait... «Un voyage ordinaire avec des personnes extraordinaires» : Xavier, Isabelle et Jérôme sont des adultes en situation de handicap mental qui vivent ensemble dans un foyer. Cet été, grâce à une association spécialisée en vacances adaptées, ils partent en Bretagne, loin de leurs habitudes...
(20.00 euros)
ISBN : 978-2-336-00763-2

ACCUEIL (L') FAMILIAL DANS TOUS SES ÉTATS
Ouvrage coordonné par Claire Weil ; Préface de Claire Turbiaux
Cet ouvrage nous donne une lecture du placement familial originale et étonnante. Par les approches biographiques proposées, par l'exposé d'actions innovantes et créatrices, par leurs réflexions posées sur la formation, les auteurs nous font vivre l'hétérogénéité qui compose et structure l'accueil familial d'aujourd'hui. Assumer cette diversité, ne pas la réduire à des domaines de compétences, la valoriser, tel est l'enjeu de ce livre.
(Coll. Savoir et formation, série Education familiale, 18.00 euros, 186 p.)
ISBN : 978-2-296-99708-0, ISBN EBOOK : 978-2-296-50471-4

ARCHE DE NÉNÉ (L')
Richard Jacques
Portrait de René Coynault, sacristain du village de Chef-Boutonne, en Deux-Sèvres, depuis 1938, mort en 1995. À sa retraite, «Néné», «mec parmi les mecs», accueille à sa table routards et jeunes des environs, en rupture avec la société. Il y a régulièrement quinze personnes midi et soir aux repas, véritables «soupes populaires», avec pour seule ressource une retraite qui ne dépasse pas 450 euros par mois... Sa devise était : «Quoi de plus beau que de donner sa vie pour ceux qu'on aime !»
(20.00 euros)
ISBN : 978-2-296-57448-9

FORMER À LA SUPERVISION ET L'ANALYSE DES PRATIQUES
Coudert Francine, Rouyer Claude - Préface de Dominique Fablet
Si nombre d'ouvrages traitent de la supervision et de l'analyse de la pratique, de leurs théories sous-jacentes, de leurs effets sur les équipes, peu d'entre eux abordent la formation des praticiens qui encadrent ces groupes. Dans celui-ci, les auteurs s'appuient sur l'expérience de l'École supérieure de travail social (ETSUP) qui forme, depuis la fin des années 1950, des superviseurs/analyseurs de pratiques professionnelles.
(Coll. Savoir et formation, 21.50 euros, 216 p.)
ISBN : 978-2-296-96769-4

L'Harmattan Italia
Via Degli Artisti 15; 10124 Torino

L'Harmattan Hongrie
Könyvesbolt ; Kossuth L. u. 14-16
1053 Budapest

L'Harmattan Kinshasa
185, avenue Nyangwe
Commune de Lingwala
Kinshasa, R.D. Congo
(00243) 998697603 ou (00243) 999229662

L'Harmattan Congo
67, av. E. P. Lumumba
Bât. – Congo Pharmacie (Bib. Nat.)
BP2874 Brazzaville
harmattan.congo@yahoo.fr

L'Harmattan Guinée
Almamya Rue KA 028, en face du restaurant Le Cèdre
OKB agency BP 3470 Conakry
(00224) 60 20 85 08
harmattanguinee@yahoo.fr

L'Harmattan Cameroun
BP 11486
Face à la SNI, immeuble Don Bosco
Yaoundé
(00237) 99 76 61 66
harmattancam@yahoo.fr

L'Harmattan Côte d'Ivoire
Résidence Karl / cité des arts
Abidjan-Cocody 03 BP 1588 Abidjan 03
(00225) 05 77 87 31
etien_nda@yahoo.fr

L'Harmattan Mauritanie
Espace El Kettab du livre francophone
N° 472 avenue du Palais des Congrès
BP 316 Nouakchott
(00222) 63 25 980

L'Harmattan Sénégal
« Villa Rose », rue de Diourbel X G, Point E
BP 45034 Dakar FANN
(00221) 33 825 98 58 / 77 242 25 08
senharmattan@gmail.com

L'Harmattan Togo
1771, Bd du 13 janvier
BP 414 Lomé
Tél : 00 228 2201792
gerry@taama.net

655198 - Mai 2016
Achevé d'imprimer par